面接官が本音で教える

# 集団面接・GD《グループディスカッション》

## 完全対策マニュアル

キャリアカウンセラー 中谷充宏

「皆の前で自分をアピール？　ムリ！」

「GD（グループディスカッション）は、やっぱり司会が有利？」

「すごいスペックの人とかクラッシャーがいたら、どうすればいい？」

「集団面接・GDって、メンバーや展開が読めないし、
対策なんてムリ」

――こういう声を、毎年、耳にします。

多くの就活生が、対策ゼロ、ぶっつけ本番で挑み、
あえなく「お祈り」されています。

20年以上、

「企業の面接官」

「採用コンサルティング」

「就活生の支援」

をしてきた筆者が断言できるのは、

「対策しない人が多いほど、しっかり対策した人が勝つ」

ということです。

## Introduction

### 「GDは司会役が有利」は、都市伝説です。

対策しないと、こういう偽情報に振り回された状態で本番を迎えることになってしまいます。

危険すぎますね。

では、どうすれば良いか？

筆者はこれまで、面接官として実際に集団面接・ＧＤにおいて、多くの就活生と向き合ってきました。

これまで採用コンサルティングをしてきた会社は、５００社超にのぼります。

企業が集団面接、ＧＤで何を見ようとしているか、どういう人に高評価をつけ、どういう人は落としているか、その本音を目の当たりにしています。

４つの大学のキャリアセンターに所属した経験があり、１万人以上の就活生を支援し、彼らが抱く疑問、不安、誤解や、優秀な学生でもついやってしまうミス等も知る機会に恵まれました。

そこから生まれた「使えるノウハウ」を全公開したのが、この本です。

集団面接やＧＤといった「集団の中でのやり取り」を苦手にしている人が、年々多くなっていると実感しています。

時間をかけて取り組んだ適性試験の勉強、寝る間を惜しんで書き上げたエントリーシート。そういった地道な努力が実って書類選考を通過したのに、次のステップである集団選考の壁をなかなか越えられず疲労困憊《こんぱい》している就活生を、数多く見てきました。

皆、決してサボっていたわけではありません。集団選考の対策の必要性は痛感しつつも、いったいどう対策したらいいかわからないという状態のまま臨まざるを得なかった、というのが圧倒的に多いケースなのです。

**この本で対策すれば、ワンランク、ツーランク上を狙えます。**

ぜひ正しい対策法を知り、良い就職をしてください。

# 実例 GDのテーマ（抜粋）

実際に企業が出題したテーマのほんの一部です。「対応できるかな」と思うかもしれませんが大丈夫。本書で対策していきましょう。

## IT

### 情報・通信

・子会社に出向して始めるビジネスとメンバーの役割についてディスカッションしてください
・学校の授業に新しく取り入れるべき教科は？
・子どもにスマートフォンを持たせるべきか、もし持たせるのであれば何歳からが妥当か
・ミドル世代に普及させるIT商品とは？
・日本の首都を東京以外に移転するならどこが良い？
・グローバルに展開する企業として必要な要素は？
・当社が海外進出するなら、アメリカ、アフリカ、中国、インドのどの国が適切か？

### インターネット関連

・Eスポーツの問題点や今後の展望は？
・今後の酒類のオンライン販売の戦略を
・新たなオンライン広告の形を提案して下さい
・理想の社会人になるために必要なスキルを具体的に

### 情報処理

・情報が溢れる現代、最も重要度の高い情報とは何か
・飲食店での待ち時間を減らす方法を
・知名度向上に繋《つな》がるインターンシップを企画するには
・交通渋滞を無くすために有効な施策は？

実例　GDのテーマ（抜粋）

### システム、ソフトウェア

・顧客課題解決に最適なＩＴソリューションを
・少子高齢化において取り組むべき事業とは
・これからのＡＩ、ＶＲ技術を使ったビジネスの将来性について
・大学の入学志願者を10％増加させるには？

### コンサルティング

・北海道にある鉄道会社の売上向上施策を
・リーダーが果たす役割とは
・高層ビルの総工費を求めよ
・ある業界に属する会社の利益が低下している要因を予想し、改善する策を考えよ
・２０２５年時点での個人用携帯に占めるスマートフォンの割合は
・冬場にアイスクリームチェーン店が夏場並みの収益を得るには
・日本で1日に消費される卵の数を求めよ
・近年、若者世代にインパクトを与えたＩＴサービスを３つ挙げて下さい
・地方のアパートの入居率を上げる企画を
・商店街に出店していたテナントが撤退した。次に入れるべき店舗は次の３つのうちのどれか？
・コンサルティング業務を行う上で必要なスキルは？
・これからの社会でＡＩに代替させるのが最も良いと考えられる職業を教えて下さい
・Ａ社の売上を伸ばすための施策を
・東京でのインバウンド効果をさらに増やす施策を
・林業従事者を増やすために行うべき施策とは
・新規店舗の出店先として最も適切な場所を次の選択肢から選んで下さい

### 金融

・社会人として欠かせないスキルについて優先順位をつけて３つ説明して下さい
・日本の若者が投資へ興味を持つ施策を考えて下さい
・Ｂ社が次にＭ＆Ａすると良い企業の候補を

・利益の追求と顧客満足の向上は両立させられるか？
・銀行の営業職に必要なスキルは何か、優先順位をつけて３つ挙げて下さい
・当行が今後投資すべき事業
・最近の時事経済問題について
・日本企業がさらに発展していくために、年功序列制と能力重視制のどちらを重視すべきか
・お台場エリアにインバウンド向けの新しい観光スポットを作るなら何が良いか
・経営破綻目前の企業を助ける銀行ならではの手法を

## シンクタンク

・社会人に必要なスピーチスキルとは？
・環境に配慮した街づくりのために、国が実施すべき施策
・最近、インパクトを与えたＩＴ企業から学んだ内容を３つ程度挙げて下さい
・日本の散髪屋の数を求めよ

## メーカー

### 自動車

・電気自動車を普及させるために必要なことを技術的、マーケティング的側面から教えて下さい
・当社を更にグローバルに発展させるには

### 食品

・社会人と学生の違い
・コンビニエンスストアで袋麺の売上を上げる施策を
・今後の食品業界に求められるのは、どのような人材か
・冬に発売する新作パンのアイデアを

### 医薬品、化粧品

・5人の異なった候補者のうち、誰を新規リーダーに採用するか
・プロのＭＲに求められる条件を３つ
・３年以内に新たに打ち出したい商品／サービス／ビジネスを

**実例** GDのテーマ（抜粋）

- 無人島に持っていくものを1つ

### 化学・繊維

- 当社の利益拡大を企図し、経営戦略部の立場から新規事業を考えて下さい
- 当社らしい内定式のアイデアを

### 総合電機

- 月に行けたら何をする？
- 日本の年功序列制に賛成か反対か、理由も含めて
- 若者の理系離れを食い止めるために当社から発信できるアイデアを考えて下さい
- 当社製品の売上を昨年より増加させるための戦略を

### 機械、鉄鋼、ゼネコン

- 「良い就活」を行うにはどの様なシステムが必要か
- 今後5年間のキャリアプランを話し合って下さい
- 今後の企業の売上を向上させるための施策について
- 建設業の今後の見通し

### ゲーム・玩具

- 開発中のゲームアプリ売上を最大化するには
- このメンバーで仲良くなるために何をしますか
- ドラえもんの新しい秘密道具を考案せよ

## 商社

- 海外の森林を用いた新たなビッグビジネスとなる企画を考えて下さい
- あなたがしてきたスポーツを世界レベルに引き上げるためにはどうすればよいか
- 当社が運営する地下のコーヒーチェーン店の売上の推定と、2倍にする施策を考えよ
- 音楽ビジネスを始める総合商社が最初にとるべき方策とは何か
- ビジネスにおけるイノベーションとは、どのような状態を指すか
- モノを売る際に必要なスキルについて、優先順位をつけて3つ挙げて下さい
- 商人が最も大切にすべきことを考えて下さい
- 男性の育児休暇の義務化に賛成か反対か、理由も含めて答えなさい

- 海外に誇れる日本の文化とその理由を
- ビジネスをするうえで、良いチームワークとはどのようなものか考えて下さい
- 残業時間を減らすために、最新のＩＴ技術を用いてできることを考えて下さい
- シニア世代のキャッシュレス化が進まない理由と、推進するための施策を考えて下さい

## 広告、サービス

- 当社が採用すべき人材はどのような人物か
- ケーキ屋さんの売上を伸ばすためには？
- 福岡の新しいお土産を考えて下さい
- スーパーで働きたくなるアイデアとは
- 日本人の英語力を上げるための方法は
- 若者のテレビ離れを解消するためには
- ニュースや作成した広告のターゲットはどのように設定したらよいか
- ターゲットが一番欲しいもの（情報）は何か
- ニュースや広告などを通じどのように思われたいか
- 音楽を楽しむならＣＤ派かダウンロード派か
- オンライン視聴が存在する今、ＤＶＤレンタル数を増やすためにどのような手法があるか
- デジタルカメラとスマートフォンのカメラはどちらがいいか
- デジタルカメラを流行させるには
- アジアのデジタル医療の中で日本が取り組むべきことは何か
- 5分間で相手の良い所を沢山見つけて下さい

## 外食、ホテル、百貨店、不動産

- いくつかのヒントから想像できる図（絵）をチームで導いて下さい
- 泊まってみたいホテルとは？
- 地域活性化のアイデアを
- 当社の採用条件は何だと思うか

出典　https://shupro.net/matching-gd-theme
https://job.rikunabi.com/contents/interview/4556/#i-4
https://shukatsu-venture.com/article/306250

contents



## Prologue

# 「集団面接」「ＧＤ」の最新事情

## ――よりシビアに問われる「協調性、コミュ力、リーダーシップ」

Part 1

# 「ネガティブ要素」があっても大丈夫！受け入れられる打ち返し方

contents

Part 2

# 10分で頭に入る！「集団面接」「GD」のポイント

## Part 3

# 9割はここで決まる！
# 「集団面接」「GD」本番前にリードする準備17

## Part 4
## 「集団面接」本番！「想定外」がなくなるコツ12

Part 5

## 面接官が本音でコーチ！「集団面接」OK／NG回答例



Part 6

## 「GD」本番！ どんなメンバー・展開でも対応できるコツ33

contents

# Part 7
# 面接官が本音でコーチ！「GD」OK／NG回答例11

## Part 8 《性格別》「GD」失敗パターンと対策11

contents

カバーデザイン　喜來詩織（エントツ）
イラスト　山口 歩

# Prologue

# 「集団面接」「GD」の最新事情

―よりシビアに問われる「協調性、コミュ力、リーダーシップ」

# 0-1 企業が見たいのは「組織の中でどう動けるか」

## 「ガクチカって?」

コロナ禍の影響が全世界に重く圧しかかっていたのは、誰もが知るところでしょう。もちろん就活生も例外ではなく、コロナ禍中に放映された「ガクチカって?」と首をかしげる某テレビＣＭは、サークルや部活などがままならない自粛生活を送ってきた学生の現実を赤裸々に物語っています。

しかし、コロナ禍も収束に向かい、自制自粛が解かれた今は、以前のようなリアルな採用選考に戻りつつあります。

１オン１といった個別面接ならばともかく、就活生の相互の関係性や関わり方を見る選考方法、たとえば集団面接やＧＤ（グループディスカッション）は、オンラインには適さないと言えます。

もちろん、実際にオンラインでこれらを実施する企業もありましたが、各人のネット環境による不具合、たとえば参加者の一部がネットに繋がらなくなって話に入っていけないとか、同時に話し始めたりして声が被ってしまうとか、進行がスムーズにいかないケースも散見されました。

企業の採用担当者も就活生も、こうした採用選考の内容とは違うところでうまく進まないため、非常に苦労されたと思います。

統計的に見ても、コロナ前は7割前後の就活生がグループディスカッションを経験していましたが、コロナ禍真っ只中で就活を経験した世代では、4割弱から5割強程度と激減していました。

一方、日経平均株価がバブル全盛期を超えるなど業績堅調な企業が増え、労働人口の減少も伴って、新卒採用を増やす企業が増加傾向にあります。

とはいえ、新卒だったら誰でも良いわけではありませんから、就活生の母数をできるだけたくさん集めて選考していくという傾向は今も昔も変わらないと言えます。

## 相対評価で見極めたい

人やモノの優劣を決めるには、やはり一か所に集めて比べるのが手っ取り早い方法です。

そもそも新卒採用を実施している企業での仕事は、絶対に一人では完結しません。チーム・組織の中で周りと関わりながら仕事をすることになります。

1オン1での「絶対的な評価」よりも、**集団における「関係性」、「関わり方」を見て、誰が優れていて誰が劣っているのか、という「相対的な評価」をしたいのは自明の理**というわけです。

コロナ禍の間は、これをやりたくてもできなかったのですが、今は違います。

**以前と同じ「相対的な評価」を用いる選考手法に戻したい企業が増えてきているのです。**

## 0-2 そもそも集団面接、GDってどんなもの？

### 集団面接とは

集団面接は、複数の就活生が一堂に会し、横に一列に並ばされて面接を受ける形式です。

・就活生　2人から6人位まで
・面接官　1人から3人位が一般的
・出題　学生時代に力を入れたこと（ガクチカ）、学業、自己ＰＲ、志望動機……といった定番ものが出題される傾向。全員に均等に同じ質問がされる。
・回答順　右から、左から、挙手順とさまざま
・所要時間　15～30分程度（企業や当日の参加者数により変動）

### GD（グループディスカッション、集団討論）とは

ＧＤ（グループディスカッション）は、集団討論と同義です。

複数の就活生が会議卓に座り、与えられたテーマに沿って議論を交わす形式が最もオーソドックスです。

議論するグループは、だいたい4人から8人位で構成します。

・テーマ　**「理想の上司とは？」、「営業に必要なことは？」といったオープンなもの**
**「終身雇用制度の是非について」といった二者択一的なもの**
**「健康、愛、家族、仕事、趣味、金の中で最も大切なものを3つ選び、その理由を考えよ」と優先順位をつけるもの**
……など、形も内容も多種多様

・所要時間　本筋の議論だけでなく発表や振り返りの時間を含め、おおよそ1時間から2時間
（企業や当日の参加者数、テーマによって変動）

集団面接もＧＤも、実際に複数の就活生を集めた上で、一気に優劣をつける（大量にさばく）ことが主目的です。

そのため、書類選考や適性検査の後、個別面接の前のタイミングで行われることが一般的です。

応募者多数の**人気企業、有名企業ではほぼ１００％課される**と見ておいて間違いありません。

これを突破できないと、あなただけに注目が集まる個別面接まで、たどり着けないのが実情なのです。

# 0-3 個別面接とどうちがう？ どっちが大事？

## 集団選考がますます重視される傾向

一般的な就活の選考フローだと、集団選考の後に1次面接、2次面接、最終面接といった個別面接を設定する場合が大半を占めます。

**最近は、最終選考といった後半に集団選考を用いる企業も散見されるようになりました。**

個別だとどうしても評価誤差が生じます（特にコロナ禍でのオンライン面接ではこれが起きやすかった）が、集団だと就活生を一堂に並べるので優劣がはっきり見えて評価しやすい、という企業側の思惑があります。

また個別ではそれなりに自分の意見を言えても、集団の中では物おじ、尻込みして全く使い物にならない学生も多いのです。

企業における仕事は一人では完遂できません、周りと協力し合って進めていくものです。

選考の順序はともかく、**集団選考が今後ますます重視される傾向にあるのは間違いありません。**

集団選考には、個別と違い、たくさんの就活生を一気にさばけるという効率面のメリットがあります。

さらに、集団の中でうまくやっていける、自分の考えを説明できる、という仕事に必要な要素の有無を見極めるにはうってつけの手法です。そのため、どこも積極的に導入しているというわけです。

集団選考は、当日の参加メンバーや質問、テーマ等、変動要素が大きいこともあり対策が難しいと言われているため個別面接対策に重点を置きがちですが、片方だけうまくいっても絶対に内定はもらえません。

**対策が難しいからこそ、集団選考対策が大切**になってくるのです。

# 0-4

# 「たった1つのミス」が致命傷に！

## リカバリーはムリ

個別面接との大きな違いは、**（自分の）持ち時間の短さ**です。

通常は個別の方が集団よりも、自分に与えられた時間が長いのです。多少の言い間違いがあったり、うまく言葉が出てこなくても、個別ならリカバリーが可能です。

ところが、集団となると、たった一つのミスが致命傷につながってしまうのです。

たとえばグループディスカッションで、最初の発言の機会が来たとき、ついテーマと関係ない発言をしてしまったところ、他のメンバーから否定され、その後の発言機会を失い、議論から置いていかれて終わり。

こういった光景が毎年、よく見られます。

限られた時間内でのサバイバルレースですから、**スキがあればライバル達においしいところを持っていかれる。**これが集団選考の怖さなのです。

個別と違い、集団選考では**一つのミスも許されない**と肝に銘じておいてください。

## 無理な「リカバリー行為」は嫌われる

集団面接も、同じです。

発言の機会は原則、平等に与えるように面接官は配慮します。

たとえば「簡単な自己紹介を」と促されたのに、「しっかりアピールしないと!」と、自分だけ長々と自己PRを語ってしまう。

こういう「質問の主旨とかけ離れた回答」をすると、その後リカバリーするチャンスがありません。

たとえば15分の集団面接で就活生が3人となると、アイドリングタイム含め、せいぜい3分くらいしか話せません。そもそもリカバリーの猶予がないのです。

そうした焦りから自分のリカバリーのために、**終わり間際に無理やりねじ込んだりする就活生もいますが、これは面接時間の総枠を破壊する行為になりますので、面接官は非常に嫌います。**

突破するには、最初から周到に注意して間違いなく対応する、これに尽きます。

# 0-5 集団選考は最初が肝心

## 面接官があなたに注目する時間はわずか

参加者8名で30分のグループディスカッションがあったとしましょう。

単純に頭割りしても、3分45秒しかありません。3分45秒切れ目なく話すなんてありえませんから、実際にあなたが話せる時間は、ほんの数十秒ということもあります。

メンバーの構成によっては、一言も発せずに終了ということも起こり得ます。

本番に臨む前は、「30分」を長く感じるかもしれませんが、実際に評価対象として見てもらえる発言時間はごくわずかなのです。

「議論をしている30分間、ずっと面接官がしっかり私を見てくれている」というのは、、よくある誤解です。

集団選考は、就活生を大量にさばくための手法ですから、一人一人をじっくり観察している暇なんてありません。

たとえば、就活に強い偏差値の高い大学に通い、体育会所属という誇るべきガクチカを保有していたとしても、**「私は面接官から一目置かれているはず」**というのは、**単なる思い上がり**でしかありません。

## 最初からフルスロットルで

ましてや面接官は、あなたが参加したグループだけでなく、その前後に複数のグループを見ているのです、それも数日にわたって。

このような面接官の負担は、集団面接においても全く同じです。

自分のグループだけでなく他グループのライバル達からも抜きん出るためには、やはり最初が肝心です。

面白くないと上からカーテンが降りてきて問答無用で終了という「お笑い番組」と同様、**最初に面接官に評価されなかったら、後からのリカバリーは非常に困難です。**

だから、**面接官が一番注目している最初の数十秒、数分**こそが大事なのです。

徐々に調子を上げていくのではなく、スタートからエンジン全開で臨まないといけないのが、集団選考を勝ち抜く術だと覚えておいてください。

# 0-6 「集団面接は予想できないから対策はムリ・ムダ」は大間違い

## 用意周到な方が有利

戦いに挑むにあたって、その場限りの行き当たりばったりよりも、用意周到な方が有利に事を運ぶのは皆さんもご存知だと思います。

確かに企業の採用担当者も、年を追うごとに選考方法や選考内容をバージョンアップするため、今までと全く同じというのはレアケースになるでしょう。

たとえば、就活サイトやゼミ、サークルの先輩などから得た意中の企業の過去問（過去に出題された質問事項）がそのまま全部出題されるわけではないし、今年はどういった形式でやるのかわからない。そもそも集団選考をやらない可能性もある。模擬体験を含め練習する場もないなどの理由から、対策してもあまり効果がないと思い何もしない、という心情は理解できます。

しかし、出たとこ勝負で、手ぶらで戦場に臨むのが良いかというと、全く違います。個別面接と違って集団選考は対策が難しいのは間違いありませんが、やらないよりはやった方が良いに決まっています。

## 集団面接の対策方法とは？

具体的な対策方法は後述しますが、ここで集団面接の対策方法を簡単に触れておきます。

①本書のような対策本やネット記事で一定の知識を得ておく
②就活サイト等で、応募しようと思っている企業の過去問を調べておく（見つからない場合は、同業他社のものをピックアップする）
③その過去問に対して、自分なりの回答案を書き出してみる
④大学のキャリアセンターやハローワーク、民間の就活支援事業の就活相談員などの専門家にその回答案を添削してもらう
⑤添削してもらった内容を自分なりにまとめ上げて完成させて、何度も声に出して復唱し、自分のものとする
⑥大学のキャリアセンター主催の集団面接対策講座に参加して、体験する
⑦実際の就活において、意中の企業の本番前に他企業の集団面接を経験しておく

# 0-7

# 「ＧＤは予想できないから対策はムリ・ムダ？」も大間違い！

## 最も対策が難しいのがＧＤ

すでに述べた「集団面接」は、個別面接の集団版と考えれば、まだ対策が打ちやすいと言えます。

しかし「ＧＤは、議論するテーマも、メンバーも、進行方法もさまざまなので、対策しようにも、どうしようもない」というのが就活生の本音ではないでしょうか？

たとえば、「社会人と学生の違いとは？」といった、オーソドックスなテーマが課されたとしましょう。当日、面接官が集まってきた就活生をグループに振り分けた上で、このテーマを発表します。

通常でしたら、各グループ「用意ドン！」でこのテーマに沿った議論に入っていくのですが、面接官からの事前の注意事項として、

「役割を決めないでください」

「グループで意見を集約する必要はありません」

「グループごとの発表もやりません」

と、周知されることもあります。

このように、ＧＤのセオリーと言える**進行方法を先回りして禁止されてしまうケースもあり**、一筋縄ではいかないのが、ＧＤ対策をより困難にしていると言えます。

## 具体的な対策とは？

とはいえ、こうした応用編よりは基本、セオリーをまずしっかりと押さえておくことが大事です。具体的な対策方法は後述しますが、ここでは簡単に触れておきます。

①本書のような対策本やネット記事で一定の知識を得ておく
②就活サイト等で応募しようと思っている企業の過去問（過去に出題されたテーマ等）を調べておく。見つからない場合は、同業他社のものをピックアップする
③その過去問に対して自分ならどう発言するのかを想定し、書き出してみる
④大学のゼミでの話し合いやサークルの会議などを活用して、討論に慣れておく
⑤大学のキャリアセンターやハローワーク、民間の就活支援事業者主催のＧＤ対策講座に参加して、実際に討論を体験する
⑥実際の就活において、意中の企業の本番前に他企業のＧＤを経験しておく

# 0-8

# 難易度高！オンラインGDの傾向と対策

## オンラインGDの傾向

オンラインＧＤは、コロナ禍によりリアルに一同に会することができない状況下で生み出された「苦肉の策」ともいえる選考手法です。

というのも、討論そのものに至るまでに、「オンライン会議ツール」の操作ができるという前提があるからです。実際のビジネスシーンにおいては、このツールを使って会議や打ち合わせを行うのは日常化していますが、就活生にとっては慣れないものの一つでしょう。

また、こうしたツールが複数あるため、より難易度が上がる原因になっています。たとえば、「ＺＯＯＭは使った経験があるけれども、Google Meetは未経験」という人がこれに該当します。

オンラインからリアルに戻りつつある中、ＧＤも例外ではありません。ただし、地方や海外の就活生を都度、東京本社等に呼びつけるわけにはいきません。**オンラインGDの対策は、しっかりしておくべきです。**

## ネット環境、ツールのチェック徹底を

ＧＤの対策の基礎の部分はリアルと同じですが、オンライン特有の注意点は以下です。

まず事前準備は徹底しておく。これが最重要です。

・ネット環境……討論中にネットが途切れてしまって短時間で戻れなかったら、本人のせいでなくてもアウトでしょう。安定したネット環境で参加することは必須。**自宅だけでなく大学の空きスペース、レンタル会議室なども検討すべきです。**

・ツール……使用するものによっては、**アカウント登録**が必要な場合もあります。

事前に操作方法を学んでおく、実際に自分の映り具合をチェックしておくなどの準備は必須です。

リアルよりも伝わりにくいため、**声量や見栄えには徹底的にこだわってください。**

特に**卓上ライト**の活用はお勧めです。

・いざ討論となると、発言が被ったり、それを回避すべく譲り合いで間ができたりします。

**討論に入る前に発言のルール（挙手方式や司会指名順など）を決めておくことが大切です。**

オンラインだと音声が聞き取りにくかったり、部屋が暗くて表情がわかりにくかったりします。

**「少し大げさなぐらいの動作でちょうど良い」**と思っておいてください。

# 0-9 そもそも採用人事って、どういう人？

## 落とせる人

就活を始めると、ＯＢ・ＯＧやリクルーターや面接官といった採用に関わる人達と接することになります。

とはいえ、なかなかその正体がわかりづらいと思いますので、その採用人事の正体を解き明かしていきましょう。

一言で採用人事と言っても、中小・零細企業なら社長一人がその役割を担っていることも多いです。

一方、中堅企業以上の規模になると、書類選考、適性検査、１次、２次、ＧＤ、最終面接といった工程があり、各工程で出てくる人が違うケースが多数を占めます（ここでは後者に絞って解説します）。

端的に言うと、**採用人事は「不採用にする権限を持っている人」**と考えておいてください。

たとえば、既述のＯＢ・ＯＧやリクルーターはそうした権限を持っておらず、採用人事につなぐための単なる橋渡し役を担うケースも多いです。

また、会場に同席している面接官と言えども、補助的な役割（例：スケジュール調整や会場への誘導等）しか任されていないケースもあります。

ただ、ＯＢ・ＯＧやリクルーターでもそうした権限を持っている人でしたら、彼らの面談で不採用にされる可能性があるので、細心の注意が必要です。

## すべての「接する人」に手を抜かない

一般的に面接選考で言うと、１次は一般社員クラス、２次は管理職クラス、最終は経営陣クラスといった、職位の低い人から高い人の順で参画してきます。

また、決定力は職位の高い人の方が圧倒的に強いケースが多いです。

就活生からよく聞かれるのが、

「１次面接で答えた内容は、２次面接の参画者に伝わっていますか？」

というものです。

これは会社によってさまざまです。

事前情報を得ると、やはりバイアスがかかってしまうので嫌う人も多いのです。

結論として、誰が「採否の権限」を保有しているキーパーソンかを見極めるのは容易ではありません。応募先企業に関わる人すべてに対して、**たった1年上の先輩であっても決して手を抜かず、**全力でぶつかっていくしかありません。

Column
0

# 印象に残っている「高評価だった8人」

リクルーターや人事部長として新卒採用に携わった際、筆者が高評価をつけた中で、特に印象に残っている人（タイプ）を紹介します（企業や採用担当者によって違いはあります）。

## ① 周りと協調しつつ議論を進めた人

進路を決める大事な選考の場ですが、力みすぎて自分のPRだけに夢中になってしまい、他を顧みない人が多いのが実情です。

- **反対意見でも否定せず妥協点を探る**
- **「白石さんのアイデアは良いですね、皆さんはどうですか？」**

**と、周りに働きかける。**

こうしたチームワーク力を発揮できる人は、もちろん高評価です。

## ② ハキハキとしっかり自分の考えを話せた人

自己主張が苦手な人が多い中、問われている主旨と**少々ズレていたとしても、堂々と自分の意見を発言できた人**は、やはり好印象でした。

## ③ ユニークなアイデアを提案できた人

他が平凡なことを言って追随する中で、発表した**アイデアに業界・企業研究の成果が詰まっていて他の追随を許さない人。**

寡黙で口数は少なくても、高評価をつけました。

### ④最後の発表時にプレゼンがうまかった人

議論中はあまりパッとしなかったのですが、最後の最後で**発表者に立候補して、限られた時間の中で、グループでまとまった内容を的確に発表できた人**が、高評価となりました。

なお、「大半はこういう意見でしたが、私は少し違うと思いました」と、私見を入れる人が散見されます。これは「自分のためなら平気で他を出し抜く自己中人間」として非常にマイナス印象です。やったが最後、そもそも「最後のまとめ」なので挽回不能。絶対にやめましょう。

### ⑤周りに気配りができる人

司会役でなくても、発言できていない人を気にかけ、**「この点、林さんはどう思いますか？」**といった発言ができる人も高評価でした。

### ⑥GDに参加している姿勢が積極的な人

他の人が話している時、しっかりうなずく、合いの手を打つなど、**傾聴姿勢が他と比べて段違いな人**は、同僚の採用担当者も高く評価しました。

その人の**発言自体はさほど優れたものではなかったのですが、こうした言動も高評価になることがあります。**

### ⑦ 皆の意見をまとめるのが上手な人

発言の回数は少なめですが、**議論が本質から離れかけた時、ノートやホワイトボードにビジュアル化して議論を整理する人。**

**「今、大まかに見るとこうした対立軸になっていると思いますが、皆さんどうですか？」**

と、皆に働きかける点も高評価でした。

### ⑧ 必死さ、情熱が伝わってきた人

議論になかなかついていけなかったため、最後に勇気を振り絞って発表役を担い、緊張で声を震わせながらも、しっかり自分を出し切ろうとした人。

**何とか現状を打開しようと、慣れない役にあえて挑んだ点を評価**しました。

この人は入社後も、こうしてひたむきに仕事に向き合い、着実に結果を残しました。人事部では後々まで、「採用して本当に良かった」と語り草になっています。

集団面接や個別面接では見えないこうした人間性が見えるのも、GDの効果です。

# Part 1

# 「ネガティブ要素」があっても大丈夫！受け入れられる打ち返し方

# 1-1 NNT（無い内定）がバレたら？

## 内定がすべてなのか？

就活スタート時はまだ内定を持っていないのですが、選考が本格化してくると、内定を持っていないことに焦りを感じる就活生が毎年一定数存在します。

同じゼミ生やサークルの友人などが内定を獲得し始めると、この焦りは加速度を増していきます。そして「内定を持っていない」イコール「自分は就活市場で認められていない」と取り違えて、卑屈になる就活生もいます。

確かに、優秀な就活生ならば、複数の人気企業から内定を獲得しているということもあるでしょう。ただ、就職するのは1社だけですし、**超人気企業といっても、「その企業で働くことがその人にとって本当に良かったのか」は、相当の期間、働いてみないとわかりません。**

むしろＮＮＴに関して、卑屈になり過ぎて「私なんて、どこからも評価されないんだ」と就活自体を止めてしまうとか、採用人事にＮＮＴがバレたら不利になるからと、「同業他社のＡ社から内定をいただいております」みたいな嘘をつく等は絶対にＮＧです。

**「まだＡ社は内定出していないと思うけど」と、嘘を見抜かれ撃沈した就活生も実際にいます。**

## 「ＮＮＴならウチも不採用」は心配無用

面接官もＮＮＴな状態にある就活生が一定数いるのはちゃんと理解していますし、そもそも内定の多さをＰＲしてほしいわけでもありません。

面接官が内定の有無を尋ねるのは、確かにその学生の就活市場上の評価を知る目的もありますが、あくまで参考程度。「当社に合うかどうか」を総合的に判断するごく一部の情報でしかありません。

そもそも「現時点で君はＮＮＴだから、当社でも即不採用」なんてことは一切ありません。

だからこそ、内定の有無に一喜一憂せず、まず目の前にある、自分がやるべきことに集中すべきです。

だから、**就活自体を止めたり、ごまかしたり嘘をついたりは絶対ご法度。**

ＮＮＴだからこそ、より真剣に全力で就活に向き合ってください。

**きちんと正しいやり方で就活に取り組めば、必ず内定は獲得できると筆者は断言します。**

# 1-2 自信を持って言える「ガクチカ」がない

## コロナ禍における「ガクチカ」作成の難しさ

２０２０年３月に某有名私大が入学式を中止にしたニュースを、筆者は鮮明に覚えています。コロナ禍により、学業も含めリアルな活動がすべて禁じられてしまったため、「ガクチカ」を聞かれても、自信をもって回答できるものがないという就活生はたくさんいました。

サークルや部活動は時期（１年次の春）を逃すと入るのが難しいし、学生のアルバイト先の王道である飲食店も自粛を余儀なくされたコロナ禍真っ只中では、今まで通りの「ガクチカ」をつくることができなかったのは周知の事実です。

その代替として、「オンラインで仲間と協力して、こうしたアプリを開発した」といった「ガクチカ」が急増しましたが、当時はあまりにも類似の回答が出回ったため、採用人事には響かなかったケースもあったようです。

筆者の個人的な見解ですが、そもそも自制自粛の強要により、学生が何かしらの活動をする機会を失っていたのですから、この時期に企業側が今まで通り「ガクチカ」を聞くのは野暮だったように思います。

## 売りになる「ガクチカ」がなくても就職できる

「ガクチカ」が乏しかった背景は企業側も充分に認識していましたが、リアルに戻りつつある中で、**「すべてはコロナのせい」が通じなくなってきていて、「ガクチカ」を問い始めてきている**のも事実です。

なお、サークルもアルバイトも学業もすべて中途半端だ、という就活生は毎年一定数いますが、そうした人は全員、就職できなかったのでしょうか？

違いますよね。そのほとんどが今は社会人となってバリバリ働いているはずです。

この「ガクチカ」の回答ノウハウは後述しますが、定番のサークル、アルバイト、ゼミ、学業、ボランティアなどがなくても、たとえば趣味や友人との親交、家族との関わり方といった**「一見すると売りになりそうにない取り組み」を持ち出すのも、実は効果的な一手**なのです。

だから「私にはガクチカがない、だから就活がうまくいかないんだ」と頭を抱えるのではなく、特段売りのなかった、たくさんの先輩達もちゃんと新卒入社できて、現場の最前線で一生懸命に働いている事実に目を向けてください。

# 1-3 集団の中で自己主張なんてムリ！

## 「自己主張＝論破」ではない

内向的で孤高の若者が増えていることもあり、「個別面接ではできても、集団の中で自分を主張するなんて到底無理、できない」という就活生も一定数います。

よくよく話を聞いてみると、どうやら、今流行りの、**相手を「論破」することや、集団の中で自分の意見に従わせることが「自己主張」だと誤解している人が多いようです。**

たとえばＧＤにおいて、反対意見を述べる相手の揚げ足を取ったり、重箱の隅をつつくような言動で相手を黙らせ、一方的に主張を押し通したとしましょう。

こうした行為を面接官は高く評価するでしょうか？

「協調性が乏しく自分勝手な主張を押し通す強引な人だな、チームの中で仕事をするには適していないようだ」と見限られるのがオチでしょう。

一方、苦手だからといって何も発信しないのも問題です。

こうした苦手意識がある人は、テーマに関して自分の考えや意見はそれなりにあるのですが、発信するという行動に至らないのです。

ただこの先、就職して働き始めると、集団の中で自分の考えや意見を述べるシーンが必ず出てきます。決して避けることはできません。そうした観点を含めて、面接官は集団選考を課しているのです。

## 苦手意識は克服できる

苦手といっても、友人や家族との会話では、自分の要求・要望は普通に話すでしょうし、小・中・高・大学の授業の中で、クラスメイト等の集団の前で何かしらの発表した経験もあるはずです。

先ほどの「論破」ではありませんが、あまり難しく考えないで、**「テーマや聞かれたことに関して、自分の思ったことを声に出せば良い」**くらいの感覚で臨んでください。

集団の中で自分を主張することへの苦手意識は、**慣れることで克服できます。**

既述しましたが、ゼミやサークル、アルバイト等のミーティング、打ち合わせにおいて、一言でも自分の意見を言ってみる、ＧＤの模擬講座に参加してみるなど、ぜひ実践してみてください。

# 1-4 インターンシップの経験がない・乏しい

## インターンシップに関するあれこれ

入社後のミスマッチを防ぎたい、早めに優秀な学生に当たりを付けておきたいということで、今インターンシップの開催が盛んです。

インターンシップにもいろんなタイプがあります。

選考直結型は、そもそも参加していないと企業に選考してもらえないので参加必須です。選考とは一切関係がないものも存在します。

後者でも、仕事の経験の乏しい学生がリアルに就社体験、就業体験を得られるという点で、インターンシップは就活上、**参加しておいて損はない**イベントです。

しかし、「そもそも参加したことがない」「ワンデーのものに1回参加しただけ」「意中の企業ではない」「地元の中小企業のものに参加しただけ」という学生もたくさんいます。

こうした場合、どうすれば良いのか、気になりますよね。

## 具体的に、今やれることとは？

人気企業となると、参加できるチケットを入手するにも選考があって一苦労です。ここから既に**本格的な選考が始まっている**と言えます。

採用直結型は別として、「当社のインターンシップ参加は選考に影響しない、させない」という企業も非常に多いです。実際に企業はそのように徹底しているのでしょう。

ただ、たとえば、

「貴社のインターンシップ参加時に、先輩社員の山田様より、『弊社はこういった点がライバル社に比べて劣っているが、逆に考えると伸びしろでもある。今、若手中心のＰＪが発足して〜』という話を伺い、ぜひ私も貴社で働きたいと思いました」

といった具体的な話をエントリーシートに書いたり、面接で話せると、**未体験の学生と比べて訴求力が強い**ですよね。

なので、今からでも大丈夫。意中の企業での参加チャンスがあるなら、申し込みましょう。

**参加経験がない、あるいは乏しい点を自身でネガティブにとらえているなら、業種業態に関わらず、参加することです。**

就活に有利かどうかに限らず、実際に仕事を体験しておくのは、今後働いていく上で大きくプラスに作用します。そのため筆者は強く推奨します。

# 1-5 オンラインばかりでリアル体験が乏しい

## オンライン一辺倒だったため、リアル体験が乏しい

「コロナ禍の影響により、オンラインの講義やゼミばかりでリアルな討論をした経験が乏しい。しかし社会全体も選考もリアルに戻りつつある中で、この経験不足は就活上不利にならないか？」と、危惧する学生がいます。

コロナ禍の「オンライン一辺倒」から「ハイブリッド、もしくはリアルへの完全復帰」が世の中のトレンドですから、こうした体験の乏しさについて不安に思う気持ちはよくわかります。

同じ討論といえども、やはりオンラインとリアルでは違いがあるのは既に説明しました。したがってこの不安を払拭するには、**今からやれることをやる**しかありません。

既述と重複しますが、今からで大丈夫です。**リアルな場数を踏む**。これしかありません。既に大学のゼミなどはリアル回帰しているところがほとんどでしょうから、そこで積極的に参加してリアル体験を積んでください。

## 解放された「オンラインならではの制約」を意識する

さらに、**オンラインとの違いを意識して取り組むと効果的**です。

たとえば、

「オンラインの時は、その場で闊達に話し合うことなく、まずそれぞれに宿題を割り振ってから、期日に成果を持ち寄りまとめるスタイルが多かった。

しかし、今のリアルでは目線を合わせたり、身振り手振りで説明したり、資料を配布したりと、オンラインと違って議論の質が高まっているように思う」

「オンラインでは、自分を映すカメラの位置と他のメンバーが映る画面の位置が微妙に違うため、『目は口ほどに物を言う』というシーンは皆無だったが、リアルだとこれが感じ取れるようになった」

「リアルでは、同じ空間を共有しているため、**身振り手振りを駆使すると伝わりやすい**とか、**その場で資料を配布して一緒に見ると説得力が増す**」

といった点です。

オンラインで苦労したさまざまな制約から解放されたわけです。こうした違いをきちんと整理し、これから挑んでいく集団選考に活かしていきましょう。

# 1-6 志望業界のOB・OG訪問をしていない

## OB・OG訪問は必須？

就活を含め、すべてがリアルに回帰してきたこともあって、コロナ禍以前の取り組みが再評価されつつあります。

たとえば、インターンシップ参加やＯＢ・ＯＧ訪問といったリアルな取り組みはコロナ禍真っ只中ではやりたくてもできなかったでしょうが、今は違います。できる環境が充分に整っています。

では、これらをしていないと、一体どうなるのか？

まずインターンシップについては既述しましたので、そちらを参照してください（1-4）。

次にＯＢ・ＯＧ訪問ですが、これを応募条件としている企業は皆無でしょう。逆に、選考前に差を付けさせないためＯＢ・ＯＧ訪問自体を禁止している人気企業もあるくらいです。

結論としては、就活上必須ではなく、絶対にやっておかなければならないというものではありません。

## 一人も知らなくても、方法はある

とはいえ、インターンシップのところでも触れましたが、**実際にその企業で働く先輩の生の声を聞いておくのは、今後の就活において非常に有益です。**

さらに、そうした取り組みをエントリーシートや面接で伝えることにより、志望する企業への**強い想いや実行力のアピール**につなげていくことができます。

たとえば、定番の志望動機を考える場合。

「貴社が掲げる経営理念の『お客様を大切に、社会正義を遵守し、個性を尊重し、総合力をフルに発揮し～』に強く惹かれました」

と、ホームページから美辞麗句を拾ってつくっても、地に足がつかない浮ついたものしかできません。

それよりも年齢が近くて実際に働いている若手社員から、その企業の魅力や働きがい、今後の目標を聞いてつくった方が、より具体的でわかりやすい志望動機ができあがるはずです。

つまり、やらないよりはやった方が良いのです。

ＯＢ・ＯＧの探し方がわからない？

**今はＳＮＳで簡単に意中の人とつながれますし、大学のキャリアセンター等を通じて紹介してもらう方法もあります。**

まずは行動に移しましょう。

# 1-7 この業界（企業）、本命ではないんだけど

## 本命でないからと「テキトーな対応」は論外

すべての就活生が第一志望の企業から内定を得ることなんて、１００％あり得ません。むしろ志望していた業界や企業と違うところに進む人の方が多いと言えるでしょう。業界研究にも企業研究にもそう熱心ではなく、そもそも何も準備しないでとりあえず応募だけしてみる、という人も少なくはありません。

本命ではなくても、選考が進めば、「その業界、企業への**志望度合い、熱意」や「研究の成果」を問われるシーンが出てきます。**

真実・本音重視で「いえ、とりあえず応募しただけで、熱意もなく研究もしていません」と言うのが正解と考える人は、応募は止めた方が良いです。その企業のみならず、その企業を志望している他の就活生にとって失礼な話です。

では一体どうすれば良いでしょうか？

## 「すべての応募先に真剣勝負」が必要な理由

ネットを通じてたくさんの情報が得られる現代ですが、就活生本人にとって、それが本当に自分に合った最適な業界、企業、仕事かについての解は、そうした情報からは導き出せません。

特に就活スタート時期は、何となくぼんやりと「商社マンは格好良さそう」、「インフラ系はそこまで仕事がしんどくなさそう」、「エンタメ業界は面白そう」といったイメージ先行で志望を決めている人が多いのです。

結論として、応募するところに関しては、**本命と同じくらいの熱量をもって業界研究、企業研究をして、実際に自分が働くことを意識して選考に臨むべきです。**

就活で最悪のシナリオは、どこからも内定を得られず、卒業しても働く場所がないということですから、本命だけに固執せずに幅広く業界、企業を見るべきなのです。

また、本命で働くことになったとしても、その後のその人のキャリアや人生が成功と決まったわけではありません。単に「就活はうまくいった」というだけのことです。

就活途中で本命が変わることも頻繁ですから、バイアスをかけずにすべての応募先に真剣勝負で臨んでください。

# 1-8

# 最近知った企業だから準備不足。見送ろうかな

## 「準備不足だからやめる」は絶対ＮＧ！

たとえば両親や友人、キャリアセンターの相談員の助言などがきっかけで、今まで興味がなかった業界や企業に着目し始める。

このように就活を進めていくうちに、志望業界や志望企業が変化していくということはよくあります。

ただ、**「最近興味を持ったばかりで、まだ準備が整っていないから」と応募を見送るのは、みすみすチャンスを逃すことになります。絶対にＮＧです。**

就活はタイミングが非常に大事。その企業のエントリー期限や選考が間近に迫っている場合は、躊躇せず申し込むしかありません。

**エントリーしてから実際の選考までは、それなりの時間の余裕があるはずです。その猶予をフル活用して、業界研究、企業研究などを一気に進めるようにしてください。**

そもそもライバル達も、完璧に仕上げて選考に臨んでいるわけではありません。

また、これは大事なことですが、就活が本格的に始動して間もない頃に、

「御社が第1志望です！」

とアピールされると、面接官は白々しく感じてしまいます。

（既述の）インターンシップやOB・OG訪問、さらには面接を通じて、そこで働く社員の方々とリアルに接する中で、いろいろなやり取りをしたり、質疑応答を繰り返していく。

そうした工程を経ていくうちに、「この企業で働いてみたい」という想いが熟成されていき、最終的に「御社が第1志望です！」となるはずなのです。

## エントリー、応募こそ最優先

だからまずはエントリー、応募が最優先。

**準備不足を理由にしていたら、企業の新卒採用が終わってしまいます。**

選考が進んでいく中で、熟成され固まっていくものもあります。

素振りばかりしていても、練習成果を発揮する場所、つまりバッターボックスに立つ機会を得ないと何も始まりません。無意味です。

注目していなかった業界、企業だとしても、臆することなく応募することが最重要です。

他の就活生と比べて遅れがあるならば、それこそ自分の時間をフル活用して挽回するしかありません。そのために本書をフル活用してください。

# 1-9 メンタル不調の経験あり／薬を服用中

## 自分の心身が一番大事

ストレス社会の現代、メンタルに支障を来している人は珍しくありません。心療内科を受診中で薬を服用している学生も一定数います。

そうした症状を抱えている学生にとって、就活に向き合うのは、より一層の重圧になりますので、症状悪化につながるかもしれません。

こうした症状を抱える学生が**「自分は大丈夫」とか「しんどいけど、せっかく大学まで通わせてもらったので、就職しないわけにはいかない」など素人判断するのは危険です。ここはやはり専門家に相談した上で、どうするかを決めていくしかありません。**

たとえば、「今は症状が良くなくて、まだ就活に取り組むのは難しい」と医師の診断が出たとしましょう。この場合、無理に就活するのではなく、休学などの仕組みを活用して、まずは回復に努めましょう。

幸い今、日本全体が慢性的な人手不足です。若い働き手はどこも喉から手が出るほど欲しいのが実情です。

また「第2新卒」という仕組みがずいぶん前から一般化していて、大学を卒業しても3年程度はやり直しがきくようになっています。

**最優先すべきは体調の回復です。**気持ちばかり焦っても仕方がありません。

就活はいったん置いておいて、医師など専門家の指示・指導に従って復調に励みましょう。

## 絶対に無理は禁物、体調と相談しながら

一方、症状を抱えているものの、就活してもＯＫとのお墨付きを得たならば、通常の就活生と同じように就活に取り組んでいきましょう。

ただ、繰り返しになりますが、就活は精神的にプレッシャーがかかるものですので、無理せず自分の体調と相談しながら、マイペースで進めるようにしてください。

また応募する業界、企業については、より自分に合ったところを探す必要があります。

一般的に長時間労働や精神的負荷のかかる仕事は、メンタルに悪影響を及ぼしますから、そういったところは仮に「やってみたい」、「働いてみたい」と思ったとしても回避するのが無難と言えます。

# 1-10

# 2年以上、浪人や留年をしている

## 「応募条件」で除外されなければ、気にしなくてOK

現役で大学に合格し、３年次までに卒業に必須の単位を取得済みという順風満帆な学生もいる一方で、半年や１年といった短期ではなく、２年以上の受験浪人や留年を経験している学生もいます。

**少し前は、こうした学生を応募条件から除外した企業もありましたが、今はダイバーシティや若手社員の不足などもあり、そうした企業は稀有になってきています。**

今は「第２新卒」も一般的に許容されています。ですので、応募条件で対象外となっていないなら、あまり気にしすぎず、普通に就活に臨んで大丈夫です。

とはいえ、

「大学入学までに、なぜそれだけ年数がかかったのか？」

「留年を凝り返した理由は？」

は、ほぼ１００％聞かれます。きちんと回答を用意しておきましょう。要は、こちらから言わなくても、必ず聞いてくるのだから、納得してもらえる回答を用意しておけばいいのです。それでこの問題（不安、懸念、後ろめたさ）はクリアにできます。

## 卑下する必要なし！

具体的な回答方法ですが、たとえば3浪後、第1志望ではない大学に入ったとしましょう。

「周りの人より劣っている」などと、**わざわざ自ら否定する必要はありません。**

**「第1志望の大学でマクロ経済を学びたかったが、4度挑戦したものの叶わなかった。非常に悔しい思いをしたが、気持ちを切り替えて、今の大学でこうした活動に励んでいる。いま振り返ると、若いうちに挫折を経験できて良かったと思っている」**

といった、事実を踏まえた上での前向きな回答をしておきましょう。

留年も同じです。

たとえば海外放浪や街おこしボランティアのような、そもそもやりたいことがあっての意図的な長期留年なら、その内容を堂々と伝えれば良いのです。

一方で、学業をサボってばかりで、本来は留年したくなかったのに結果として留年になってしまった場合は、その過去をきちんと反省しつつ、たとえばこの就活を機に改心して仕事を頑張っていく、という反省と前向きさをセットで回答するようにしてください。

# 1-11 学歴コンプレがあり不安

## 高偏差値大学が有利なのは事実、しかし……

旧帝大や早慶などの偏差値の高い有名大学に通っているなら別ですが、そうではない大学に通っている方が圧倒的多数で、いわゆる「Fランク」と言われる大学に通う学生も大勢います。

学歴コンプレックスがひどく、就活がうまくいかないのも、「Fラン」のせいにする学生がいます。

確かに、偏差値の高い有名大学の学生の方が、就活上では有利に働くシーンが多いのは事実です。たとえば総合商社の社員の出身はこうした大学に偏っていて、その他大勢の大学が入り込む隙はなかなかありません。

もちろん「偏差値の低い大学だから狭き門の超人気企業に応募するな」ということではありません。応募条件を満たしている以上、どんどんチャレンジして欲しいのですが、実際に内定獲得が叶うかどうかは別次元の話です。

# インターンシップなど「今から変えられること」に集中する人が勝つ

いざ就活を始めると、

「ウチの大学・学部からは、どういうところに就職しているのか？」

「希望する企業に自分の大学出身者はいるのか？」

という現実を知ることになります。

**「シェアナンバーワンのメーカーに行きたかったが、かなり難しそうだな。しかしディーラーなら先輩達がたくさん在籍しているな」**

**など、大半はこうした現実を踏まえた上で、就活を進めていくことになります。**

**自分の身の丈を知っているからこそ、現実的な就職先を選ぶことができる、とも言えます。**

大学や学歴を問わない採用方針を打ち出し実行している東証プライム企業もたくさんあるのです。

そもそも、通っている大学は変えられません。

学歴コンプレックスに頭を悩ませている暇があったら、これから自分の力で変えられること、つまり**インターンシップ、OB・OG訪問などに積極的に参加して、その行動量を就活上の売りとしてPRできるくらい、頑張ってみることをお勧めします。**

1-12

# 見た目や話し方にコンプレックスがある

## コンプレックスは誰にでもある

あがり症で緊張するシーンになると赤面してしまう
背が低い
太っている
自分で「ブサイクだ」と思っている
つい方言が出てしまう

……など、さまざまなコンプレックスを持っていて、就活でも不利に働くのではないかと不安になる学生がいます。

人間は誰でも何かしらのコンプレックスがあるものですが、これから初めて就活に向き合うとなると、こうした要素がマイナスに働くのではと不安になるのは自然なことかもしれません。

ここも**今から変えられるものと、そうではないものの2つに分けて考えましょう。**

たとえば人前で話すのが苦手、あがってしまうというのは、慣れることで克服できます。

そもそも今の学生はこういった機会があまりなかったと推測されますので、ゼミの発表会などで発表者を買って出て、場数を踏むようにしてください。

次に体型について。身長は伸びませんが、ダイエットすれば肥満は解消できますよね。身長の高さで採否が決まるわけではありません。小さいのも自分の個性、特徴だと思って、萎縮せずに堂々とふるまってください。

## 「今から変えられるもの」に集中すれば勝てる！

「ブサイク」も同じです。

そもそも顔面偏差値で採否が決まるわけではありません。

今まで無頓着だったかもしれませんが、男性ならこまめにカットに行く、ヒゲを剃る、眉毛を整えるなど、グルーミングに取り組んでみてください。女性も就活メイクをマスターするなどの取り組みは必須です。

**清潔感やビジュアル力がアップすれば、自分の中から自信も湧き出てきて好感度もアップしますよ。**

話し方も同じです。方言がキツすぎて、話がまったく通じないレベルなら別ですが、多少方言が混じった話し方なら、きっとその人の個性として微笑ましく見てもらえることでしょう。

Ｐａｒｔ１のまとめになりますが、誰もが何らかの「ネガティブ要素」を抱えて生きています。ここで説明したように、**打ち返す方法は必ずあります。**

最悪なのは、それを理由に行動しないこと。就活では、今からの行動量でこうしたネガティブ要素を挽回できます。ぜひ具体的に行動に移してください。

Column 1

# 面接官として高評価をつけた、「ネガティブ要素」の打ち返し実例

■**「私は極度のあがり症で、質問への回答が出てこないこともあるかもしれませんが、自分の考えをきちんとお伝えしたいと思っています」**

　と、最初の自己紹介時に先手を打ったA君。回答に時間はかかっていましたが、真摯に自分の考えを回答した点も踏まえて、評価しました。

■入学時に入ったサークルも半年で辞め、どのアルバイトも長く続かず、学業もイマイチといった、特段売りのないBさん。性格を問うと、

**「これを成し遂げたと自信を持って言えるものはありませんが、盛ったり嘘をついたり絶対にしない正直さが一番の長所だと思っています」**

　PRを強めようと盛る人が多い中、Bさんの素直な態度、姿勢は評価に値しました。

■スポーツ推薦で進学したものの、1年生の時に怪我で退部してしまったC君。

　壁を乗り越えた経験を聞かれ、

**「小学校から野球一筋で生きてきましたが、怪我で好きな野球ができなくなったのは本当に辛かったです。退部後は1年以上腐って引きこもっていましたが、『長い人生、思うようにならないこともある』と当時の監督に声をかけられたことがきっかけで、前向きになれるようになってきました。そして3年生からは～」**

　輝かしい道を歩めるはずだったのに、道から外れたのは辛かったでしょう。

　腐った時期もあったが、現実との向き合い方や心情の変化、その後の頑張りを聞いて、彼なら社会人になって辛いことがあっても乗り越えられると評価しました。

# Part 2

# 10分で頭に入る！「集団面接」「GD」のポイント

## 2-1

# 集団面接、どこを見られてる？

### 内容よりも重視される「3大スキル」

集団面接では一人に割ける時間は短いと、既述しました。

そのため回答内容よりも、

① **礼儀・マナー**
② **外見・ビジュアル**
③ **コミュニケーション力（コミュ力）**

という3つが重視される傾向が強いです。

なぜなら、集団面接は回答について**深掘りしづらい**という特徴があるからです。

就活生を均等に扱わなければなりませんから、例えば「学生時代に頑張ったこと」を尋ねたら、ある学生が「ラクロス部の活動です」と回答したとしましょう。

面接官は、部の戦績や役職の有無、部活動を通じて得たこと、苦労したこと等をもっと深掘りして聞きたいと思っても、評価に値しないと見切った他の就活生にも同じ扱いをしなければなりません。

制限時間の関係もあり、深掘りを断念せざるを得ない場合があるのです。

### どこであってもコミュ力は重視

とはいえ、個別面接に進めば深掘りできるので、集団面接ではそれ以前の、上記3つの基礎スキルを中心に見ることになるのです。

## 見た目の印象も評価対象として大きい

外見のみが理由で落とされるケースもある

挨拶やお辞儀に代表される「①礼儀・マナー」は「身につけていて当然」と面接官は見ています。**明るすぎる髪色や無精ひげ、覇気のない表情**といった「②外見・ビジュアル」では、さすがに良い評価が得られるはずはありません。

そして今やどの企業、どの職種であっても、「③コミュ力」が強く求められているのは、すでに皆さんご存知でしょう。

集団面接では、自分の回答時間が短く限られています。

だから、

- **周りの持ち時間などを考えず、自分のＰＲを冗長気味に話す**
- **質問とズレた回答をする**

**というのは不採用に直結します。**

的確な回答で、長すぎず短すぎず、端的でわかりやすい回答をしなければならないのです。

# 2-2 集団面接で落ちるのは、どういう人？

## 「相対評価」でも対策が必須

集団面接は、就活生を一同に並べて比較する品評会的なやり方です。

このため、相対評価、つまり「ライバル達より優れているか劣るか」で合否が決まります。

しっかり準備して頑張って良い答えができたとしても、同じ集団のライバル達があなたを上回るすごい人だったら落とされるという不運なケースもあり得るのです。

実際には、いつもすごい人ばかりが集まる集団に放り込まれるということはないので、心配しすぎる必要はありません。

・定番の質問について回答を用意していない

・業界研究や企業研究が乏しい

といったあからさまな準備不足では、集団であろうと個別であろうと、面接突破が困難なのは当然です。

やはり**準備をしっかりした人が集団面接でも有利です。**これを肝に銘じて取り組んでください。

## 集団面接特有の敗因がある

集団面接特有の自滅要因として、

・**雰囲気に飲まれてしまった**

・**気後れしてうまく話せなかった**

というものがあります。

**「ライバルの回答に感化されてしまい、その場で**

## 「聴く姿勢」も見られている！

この時点で右の人は落ちる可能性あり

**話す内容を変えてみたが、かえって内容がおかしくなった」**

という、話し方、伝え方に支障が出たケースもあります。

反対に、

**「自分をPRしようとする想いが強すぎて、自分だけ長々と話すといった身勝手な行動になってしまった」**

というケースも多くあります。

さらに、

- **他の学生が回答しているのに、つまらなそうに下を向いている**
- **自分の回答を考えるのに必死で、他の学生の動向には関心が無い態度をとってしまう**

というのも、よく見る失敗パターンです。

話し方、伝え方や回答内容はもちろん大事ですが、**回答以外の行動、所作、態度なども厳しくチェックされている**ことを絶対に忘れてはいけません。

# 2-3 集団面接で受かるのは、どういう人？

## 「好印象を与える動作」を侮るな

「集団面接は相対評価」と説明しました。

したがって単純に、ライバル達より高評価を受ければ受かるということになります。

たとえば、コミュ力が優れていれば受かりやすいのは皆さんも想像がつくでしょう。

しかし当然ながら、すべての就活生がこの力を十二分に備えているわけではありません。苦手な学生も多くいます。

とはいえ、苦手だからと逃げてはいけません。詳細まで突っ込んだやり取りができないのが集団面接です。

なので、**定番の質問への回答をしっかり準備するのはもちろん、笑顔で元気よくハキハキ話すといった、面接官に好印象を与える動作に全力で励むべきです。**

これはコミュ力に特に自信がなくても、できます。

面接官は、集団の中で萎縮したり、必要以上に長々と話そうとする学生を、嫌と言うほど見てきているわけです。

毎日、似通った多数の学生をさばかないといけない面接官にとって、そういった所作ができる学生は、しっかりと印象に残ります。

**「（そうした学生には）他の学生よりも高い評価をしたい」と思っているのです。**

### 絶対評価ではなく相対評価

50点 Aさん　65点 B君　30点 C君　40点 Dさん

B君は決して高評価ではないが、相対評価なので通過することもある

## 出来が良くなくても受かる場合も

相対評価なので、自己評価としてはイマイチの出来でも、ライバル達がグダグダで自滅すると受かることがあります。

自身がグダグダで、ライバル達より明らかに劣っていても受かる場合もあります。

特に若手人材の採用に苦労している企業の場合、少し落ち度があるくらいでは簡単に不採用にできない実情があります。

合否には企業の採用動向も大きく影響してくるのです。

しかし、これらは自分の実力ではありませんから、「2-1」で挙げた重視される3つ、

**①礼儀・マナー**
**②外見・ビジュアル**
**③コミュ力**

を鍛えて集団面接に臨みましょう。

## 2-4 緊張するとやりかねない「4つのNG」

顕著なのが、**「自分だけたくさん話そうとする」**。

集団面接は時間が限定されていますので、一人がたくさんの時間をとってしまうと、他の人が割を食う形になり、公平性が保てなくなるので、面接官はこの行為を非常に嫌います。

次に、**ライバルを蹴落とすような言動**。

たとえば、「先ほどの方が継続力をアピールされましたが、私は継続力だけでなく集中力も兼ね備えております」といった他人を踏み台にするような露骨な発言は、心証を悪くするだけです。

さらに、**進行や流れを妨げる行為**。

逆質問を受け付けている時間帯ではないのに、「すみません、その件について質問させてもらっていいですか？」

と、無理やりねじ込もうとするなどです。

特に集団面接は、企業側の進め方に従うのが鉄則です。こういった行為は慎むべきです。

その他、他の学生が回答中の所作があります。

- **自分の番ではないからと、つまらない、退屈そうな態度でいる**
- **他の学生の回答に苦笑する**

などはNG。

すでに述べましたが、面接官は回答していない時の所作もちゃんと見ています。ふだんはしないのに、プレッシャーがかかるとNG行為が出てしまう人もいます。

絶対に気を抜かないようにしてください。

# 2-5 GD、4つの評価ポイント

大手就活サイトによると、ＧＤは「自己紹介」、「印象」、「責任性」、「コミュ力」という４つを評価の軸に据《す》えています。筆者も同じ考えなので、これを用いて説明します。

①**自己紹介**――自分のことを参加者にわかりやすく伝えることができるか

②**印象**――マナーや身だしなみができているか

③**責任性**――行動力、影響力の２つで構成

**行動力**――自ら口火を切る、積極的に発言するといった自発的な動き

**影響力**――議論を正しい方向に導く、まとめるという、周りへの働きかけ

④**コミュ力**――協議性、対人配慮、説得力・論理性、共感性、謙虚さの５つで構成

**協議性**――参加者に意見を求めたり、他の意見をしっかりと聴く姿勢

**対人配慮**――反論時に相手に配慮した伝え方ができるか

**説得力・論理性**――意見を論理的に伝え納得させることができるか

**共感性**――他者の意見に理解や共感を示すことができるか

**謙虚さ**――分け隔てなく参加者全員と接することができるか

①②は討論前の話で、評価の比重は③④にあります。

**「たくさん話せばＯＫ」「他の参加者を論破できれば勝ち」と勘違いしている学生が多いのですが、話すシーン以外も厳しく見られています。**

# 2-6 GDで落ちるのは、どういう人？

GDも集団面接と同じく相対評価で決まります。すごい学生ばかりのグループに入ったら、どんなに頑張っても落選という不運なケースもあります。また企業によって採りたいタイプが違うため、他では参謀タイプとして高評価でも、リーダータイプを求める企業では低評価ということもあります。

とはいえ、GDも集団面接と同様、特有の自滅要因がありますので、押さえておきましょう。

①**発言が極端に少ない**。これでは評価のしようがありません。一言も発せず終わる学生も毎年かなりの数います。

②①より頻出なのが、**「開始当初に順番が回ってきて意見を言うも、軽くあしらわれヘコみ、以降発言がない」**。

GDでは**物おじは禁物**。堂々と意見を言えるようにしてください。

③**「クラッシャー」**行為。議論の進行や場の雰囲気を破壊してしまう行為です。自分の意見を強引に押し通そうとする、他の意見を徹底的に批判したり攻撃したりするという行為で、NGなのは当然です。

これらが「レッドカード」とすると、

- **的外れな回答をする**
- **議論についていけていない**
- **存在感がない**
- **他の人の意見を聴かない**

といったイエローカード級のNGを重ねるとやはり落選につながっていきます。

# 2-7 GDで受かるのは、どういう人？

相対評価ゆえ、ライバル達より高評価なら通ります。評価される代表的な行動として、**「論理的に説得性をもって自分の意見を伝える」**があります。もちろんこれだけではありません。

- **他の学生に発言を促した**
- **議論をあるべき方向に導いた**
- **論点を整理した**
- **対立する学生の仲を取り持った**
- **反対意見を、きちんと受け止めた**
- **他者の意見に共感した**

**なども、充分に評価に値する行為です。**

急造で企業に求められるタイプになるのは困難です。同じタイプを求める企業ばかりでもありません。無理な背伸びは見透かされます。自分に合ったやり方で議論に参加する方が受かりやすいと言えます。

たとえば、独自のアイデアを出せなくても、

- **自分が良いと思った他者のアイデアの推薦理由を、事例を用いてわかりやすく話す**

のも有効です。

皆の意見をしっかり聴き入れ共感する行為は、議論を円滑に進めていく上で重要です。面接官はしっかり見て評価しています。

役割も同様です。皆がリーダーになろうと進め方を主張し合ったらまとまりません。

よく誤解されるのですが、表面的に目立つ人ばかりが評価されるわけではありません。

裏方である**縁の下の力持ちや潤滑油的な存在も、しっかり評価対象になっている**ことを忘れないでください。

# 2-8 GDで絶対NGな行為って何？

## クラッシャーは一発レッド

くり返しますが、絶対NGなのは次の2つです。

**①発言しない、あるいは極端に少ない**

**②クラッシャー——自分の意見を強引に押し通そうとする、他の意見を徹底的に批判したり攻撃したりする**

前者は自爆で済みますが、後者は周りに多大な悪影響を及ぼします。

本人には自覚がなく、むしろ「議論に一生懸命取り組んでいる熱心さをＰＲできている」と勘違いしている場合が多いので、自身も陥らないように注意が必要です。

クラッシャーを放置すると議論が成り立たず、グループ全員が落選という最悪の事態を招きかねません。

そのため、放っておくわけにはいかず、**当人の行為を正す、懐柔する、という対策が必要**になります（Part6で詳述）。

またこれに関連して、

- **議論がまったく盛り上がらず、全員落選というケースもよくあります。**

**周りの沈んだ重苦しい雰囲気に飲まれずに、改善しようと取り組むことが大事です。**

- **他人の発言途中に割り込む、遮る**
- **反論時に感情的になる**

——これも当然NGです。

## 「熱心なメモとりは高評価」は思い込み!

「メモとりに熱心」は評価対象外。そんな暇があったら発言しよう

### 「メモとり」は評価されない

即落ちレベルではありませんが、

- **言葉づかい（「ヤバイ」、「イケてる」のような学生言葉で話す）**
- **声が小さくて聞きとりづらい**
- **ペンを回す**
- **貧乏ゆすりをする**
- **靴やパンプスを脱いでブラブラさせる**

など、議論に臨む態勢を取れていないのもＮＧ。

その他、毎年非常に多く目につくのが、

- **メモをとるのに熱心になりすぎ（あるいはメモとり行為に逃げ込み）、ずっと下を向いている**

**——メモをとる行為は、そもそも評価対象外と思っておいてください。「真剣さの表れ」とは見てもらえないということです。**

議事録の清書の出来なんて、誰も見ません。

それよりも顔を上げて積極的に議論の質を高めることに貢献しましょう。これに尽きます。

# 2-9 ＧＤの「よくある誤解」とは？

## グループではなく、自分が評価されるか

ＧＤは集団面接と違い、さまざまな要因が複雑に絡み、優劣、合否がわかりづらいため、いろんな誤解を生んでいます。

以下、見ていきましょう。

**誤解①「役割を担ったら有利、特にリーダー役や司会役が有利」**

——適性があれば力を発揮でき、高評価を得るでしょうが、そうでないのに無理に挑戦すると逆効果になる場合が多いです。

**誤解②「たくさん発言すればいい」「自分の意見を押し通した方がいい」**

——既述したとおりです。

**誤解③「自分の意見、アイデアが採用されたら高評価」**

——誰でも考えそうなものを最初に出しただけの場合もあるので、必ずしもそうは言えません。

**誤解④「グループで一番目立ったのに落選?!」**

——あくまで自己評価ですから、面接官の評価とは別。

「スタンドプレーばかりで共感性がない」と、マイナス評価をされている傾向

が強いです。

### 誤解⑤「グループで議論がうまくまとまり、面接官からもほめられたのに落選?!」

――ＧＤは合否を決める選考場所であって、極端な話、**意見がきれいにまとまろうが、良いアイデアがたくさん出ようが関係ない**くらいに思っておいてください。

要は**グループ全体ではなく、自分が面接官に評価されるか**です。

その意味では、「グループで意見がまとまらなかったから全員落ちる」ということもありません。

Column 2

# 準備で「ネガティブ要素」を跳ね返した実例

この実例については、企業の採用担当者としてではなく、筆者が4つの大学のキャリアセンターのキャリアカウンセラーとして就活支援を担っていた経験から、選抜してお伝えします。

## 極度のあがり症と体調管理

本番となると、かなり緊張してしまうD君。筆者との会話などでは、そうしたそぶりは全然ないのですが、改まった場ではあがってしまい、本来の力をうまく発揮できないという状況でした。

そこで、緊張をコントロールする方法（深呼吸など。3-13参照）を伝え、特に普段からの体調管理を厳しく指導しました。

というのも、緊張のあまり、本番前にはお腹がゆるくなったり、トイレが近くなるのです。こうなると、「本番中もお腹が痛くなるのはないか？」とナーバスになってしまい、選考どころではありません。

一人暮らしで食生活も乱れていましたから、日常生活から改善するよう伝えました。

「永遠に節制しなさいということではないが、この就活シーズンだけはやり切ろう。でないと一生後悔するよ」

という言葉が刺さったのでしょう。

最初は乗り気でなかった彼も、**生活改善に取り組んだ結果、以前よりは平常心で本番に臨めるようになった**と喜んでいました。

## おおざっぱ、いい加減

エントリーの時期を忘れてしまう、当日持参すべき物を持ってこない等の残念な行動が目立つE君。

学生気分が抜けていない状況で、面接時間に遅れ不採用となったこともありました。

「数分遅れただけなのに。京浜東北線が人身事故で遅延してたんですよ」

――事実だとしても**定刻に到着していなければアウト**です。

本番ではものおじせず自分をPRできる人なので、定刻前に着く、忘れ物をしないといったことを漏れなくきちんとできれば内定に近づきます。

そこで、既述の準備、特に**会場に1時間前に到着する**ことを徹底するよう伝えました。

**「持ち物チェックリスト」**を作り、当日でなく**前日にすべて揃えておく**よう指導しました。そうするうちに、無事、希望の企業から内定を獲得できました。

## 控えめ、自信がない、声が小さい

自分に自信がなく、もともと謙虚で控えめな性格ということもあり、蚊の鳴くような声でしか話せないFさん。

自己主張が強いタイプではないので、敵をつくらず周りと協調できる点は良いのですが、いかんせん就活においては、これでは受かるものも受かりません。

そこで彼女にも既述の準備、特に**カラオケ店に入って発声練習**することをすすめました。

伝えることが仕事であるアナウンサーは、本番前に、執拗に発声と原稿読みをします。プロのアナウンサーですら、声を出すことなく本番を迎えたら、やはり滑舌は悪くなるわけです。

さっそく実行した彼女は、

「本番前に大声でエントリーシートを読み返し

たら、それなりに頭に入ったし、気持ちもスッキリして本番に臨めるようになりました」と話し、その後見事に内定を勝ち得ました。

就活中といっても、このような準備をしない人が大半です。

**準備をすれば、学歴やガクチカなどの「スペック」が同じでも、結果には大差がつくのです。**

ぜひ準備を徹底してください。

# Part 3

# 9割はここで決まる！「集団面接」「GD」本番前にリードする準備17

## 3-1

# 「みん就」、キャリアセンターで「何を聞かれるか」リサーチ

**・集団面接**

集団面接でも、個別同様に「定番質問」があります。

「学生時代に力を入れたこと（ガクチカ）」、「志望動機」、「自己ＰＲ」、「（専攻や研究といった）学業」など、個別のそれとほぼ同じです。

もちろん定番以外も聞かれます。いずれも**「みん就（みんなの就職活動日記）」**で調べるやり方をおすすめします。このサイトでは企業ごとに「内定者日記」というページがあり、実際になされた質問が過去数年分、蓄積されています。必ずチェックしましょう。

**・ＧＤ**

ＧＤも**「みん就」**が調べやすいです。集団面接と同じく、「内定者日記」のページに過去テーマが投稿されています。

また、大学のキャリアセンターにある先輩達の「合格体験記」や「就活四季報」といった就活本等を使えば、過去テーマを調べられます。

ＧＤの場合、過去テーマが再度出される可能性は低いので、「今年度の最新情報」を入手する方が重要です。

**大学のキャリアセンターに相談しましょう。先輩達の過去の事例や同級生からの最新情報を教えてもらえる可能性があります。**

**「みん就」**の**「掲示版」**というページも最新情報収集に使えます。参照してください。

やるかやらないかで勝負が決まります。

# 3-2 質問やテーマを把握した後の対策は？

**・集団面接**

集団面接の目的は、個別の前に大量にふるいにかけることです。したがって、最頻出の定番質問の対策を（他より優先して）しておくのが効果的です。

精度を高めるために、回答案を**大学のキャリアセンター等に添削してもらいましょう。回答時間を変えたバージョン**も作ります。「１分で自己ＰＲを」等と指定される場合がよくあります。定番質問については、ワンフレーズ、30秒、１分、３分と複数のバージョンを用意しておくのです。

**・GD**

ＧＤのテーマは無限。すべて対策するのは無理なので、頻度の高い**「ビジネス関連」「社会・時事問題関連」のテーマに絞ってください。**

まず「ビジネス関連」。

過去に「さらに売れる電気自動車を考えよう」（自動車メーカー）というのが出題されました。

こういったメーカーなら、主製品の売上や販売目標、ターゲット層、販路などの企業研究や、国内のＥＶの売れ行きといった業界研究を行うことが大事です。

「社会・時事問題関連」は「待機児童を減少させるには」（某コンサルファーム）等が該当します。

範囲が広いですが、一般教養テストの対策にもなるので、ふだんから新聞を読む、ニュースをチェックする癖をつけてください。

# 3-3 集団面接、ＧＤに適した「話し方」――ＰＲＥＰ法、ＹＥＳ・ＢＵＴ法

集団面接、ＧＤともに、回答や意見を話す時は**「結論から話す」**を徹底しましょう。

制限時間の関係もあり、最初に最も主張したいことを伝えると、精神的にも後の展開的にも楽です。聴き手もわかりやすいのです。

「起承転結」でなく**「結論→理由→事例→まとめ」の順で話すのが効果的です（「ＰＲＥＰ法」）。**

以下は、ガクチカを聞かれた例。

「体育会ラクロス部の活動です」（結論）

→「毎朝６時からの全体練習に加えて～」（理由）

→「この努力を積み重ねた結果、２年生でレギュラーとなり、リーグ戦では～」（事例）

→「この部活を通じて、努力することの大切さを学びました」（まとめ）

ＧＤで反論する場合、**絶対にやってはいけないのが「いきなり反論する」。**

「確かに○○さんのおっしゃる通り～」と、まずは意見を肯定しつつ受け止めた上で、「ただ、私はこう考えます」と自分の意見、主張を述べる。この流れだと、ギクシャクせずスムーズに議論が展開します。

この話し方を**「ＹＥＳ～ＢＵＴ法」**と言います。

なお、声の音量、トーンは非常に大切です。たとえばＧＤで非常に良い内容の発言をしても、聞き取れなければ無意味です。

ふだんよりも**1.2～1.5倍の大きな声**で話すと効果的です。

## 3-4 「見た目と服装」のチェックポイント ――スーツは「サイズ」が命

ビジュアルは「印象」を決める重要な要素。最も目につくのは、**スーツと髪**です。集団選考に限らず、就活全般に言えることですから、先に対策を打っておきましょう。

毎年、スーツのサイズが合っていない学生が目につきます。

**「スーツは肩で着る」と言います。既成品は何着も試着して肩の合うものを選ぶことが大事です**

今は1万円台の**安価なオーダーメイド**もあり、検討の価値ありです。

既に購入済みで、新たに買う余裕はない学生も多いでしょう。**「サイズ直し」**という手があります。袖丈が長いスーツをよく見ますが、詰めてもらうだけでかなり印象が改善されます。

企業が就活生に求めるのは**「清潔感」**です。外見や服装で目立つ必要は全くありません。特に集団選考では他の学生との差が一目瞭然になりますから、「清潔感」を意識しましょう。

せっかく買ったスーツも就活本番の頃には汗やシワで傷むので、ふだんの手入れが大切。シワにならないよう、上着は肩の部分が肉厚なハンガーにかけ、パンツはクリップで止めるタイプのものを使いましょう。ふだんは消臭剤やシワ取りスプレーで対処し、ここ一番の前にはクリーニングに出しましょう。

男女とも茶髪は論外。社会人としてふさわしい髪型・色が基準です。

散髪代をケチらず、清潔感を出せるよう、適宜カットしましょう。

# 3-5 表情、立ち居ふるまいのココが見られている

## 集団面接——「つまらなそうな表情」

集団面接では、面接中はもちろん、入室時のふるまいも厳しく見られます。

**・入退室時**

入退室時によくあるのが、他の学生の動向を見てマネする（同じようにする）ことです。いかにも自信なさげで評価されません。

**① 躊躇せず大きな声で挨拶をする**
**② お辞儀は「45度」でビシッと決める**
**③ 堂々と背筋を伸ばして歩く**
**の3つを徹底しましょう。**

**・面接中**

自身の受け答え中のふるまいは問題ないのに、他の人の回答時につい気を抜いてしまい、**つまらなそうな表情で下を向く人が多いです。ちゃんと聞き、適宜うなずくくらいのふるまいは必須です。**

なお、着席時・起立時いずれも、集団面接中はずっと背筋を伸ばしていてください。姿勢の良さは好印象につながり、他に差をつけることになります。

## GD——姿勢、動作、表情

**・姿勢、動作**

GDでは、議論に臨む姿勢が見られます。

## 「聴く時」のふるまいに要注意！

A君とBさんの印象は天地の差

**イスの背もたれに寄りかからず、少し前のめりの姿勢**になりましょう。

**メモに集中してうつむき加減になるのはＮＧ。**

しっかり顔を上げて全体を見渡します。

つい癖でペンを回す等の集中力に欠いた動作もよく見受けられますが、ＮＧです。

**・表情**

好印象を得る表情は、集団面接もＧＤも同じです。

口と目に重点を置きます。

まず**口角を上げてください。**にこやかな表情になります。

目は、常に大きく開き、自分の発言時は全体を見渡すように、他の人の発言中は、目をしっかり見るようにします。

なお、討論中に面接官を見るのはＮＧです。存在を意識しないようにしてください。

# 3-6 「倒れたバッグ」は悪印象！持ち物のポイント

面接中にカバンが倒れると、間違いなく印象が悪くなります。底が広く床に置いても倒れない「自立型カバン」を用意しましょう。冬はこのカバンの上にコートを置くシーンがあります。それも想定して選んでください。

社会人の間で流行っているリュックやトートバッグはおすすめしません。

## 悪印象のカバンとは？

まず集団面接、ＧＤの共通事項として、たとえば「履歴書」など、企業から指定されたものは絶対に忘れてはいけません。

筆記用具や腕時計といったビジネスアイテムは、言われなくても用意すべきです。

- **地図**――事前にプリントアウトした紙を用意します。スマホの地図アプリだけに頼ると、バッテリー切れや「WiFiが届かない」といった不具合が生じると、選考会場に辿り着けないという致命的な事態が生じるからです。
- **カバン**――集団面接で気をつけてほしい意外なポイントが、これです。
- **履歴書、エントリーシートのコピー**――既に企業に送った履歴書やエントリーシートのコピーも持参し、本番までに自分が何を書いたか、何度も復習しておきます。
- **その他**――指定がなくても、就活用のプレゼンブックやポートフォリオを既に作成済みな

## ― 持ち物チェックリスト ―

- □ 企業から指定されたもの
  - □ 履歴書のコピー
  - □ エントリーシートのコピー
- □ 就活用プレゼンブック
- □ 就活用ポートフォリオ
- □ プリントアウトした地図（選考会場）
- □ 筆記用具
  - □ ボールペン
  - □ シャープペン
  - □ 消しゴム
  - □ 太字サインペン（GD用）
- □ A4ノート（GD用）
- □ 腕時計
- □ カバン（自立するもの）
- □ メガネふきシート
  （汗、雨などで意外に汚れる）
- □ マスク
- □ スマートフォンのモバイルバッテリー
- □ ハンカチ、ティッシュ
- □ 傘（急な雨でも濡れないように）

ら持参しましょう。

面接で披露できる可能性は低くても、ＯＫとなったら大チャンス！　逃さないように準備しておきます。

## GDに必携！「A４ノート」「太字のペン」

ＧＤにおすすめの持参物が、**Ａ４サイズのノートとサインペンのセット**です。

ホワイトボードが使用できれば書き出して意見やアイデアをまとめていけますが、ない場合も結構多い。

そこで、**Ａ４ノートに太字のペンで、今の争点やまとまった意見等を書いて皆に見せれば、「できる人」を嫌味なくPRできるのです。**

**これはどんなテーマ、メンバー、展開になっても使える強力な方法です。**

ただし必ず討論開始前に、机の上に出して良いか、面接官に事前確認をとってください。

# 3-7 模擬セミナーで場数をこなそう

## 専門家からのフィードバック

集団面接もＧＤも、独特の雰囲気や空気感があります。**初めてだと特に、飲まれてしまい、自分を出し切るのはほぼ不可能**と言えます。

実際、大勢の前で意見を発表するゼミや、ディベート形式で運営するゼミにいる学生は、鍛えられて場慣れしているため、集団面接やＧＤに強いのです。

そうでない学生は、やはり太刀打ちできません。だから「慣れ」が不可欠なのです。

ここは「習うより慣れろ」の精神で、「模擬集団面接セミナー」や模擬ＧＤセミナー」に積極的に参加しましょう。

専門家からフィードバックがもらえるのが最大のメリットです。

**「声が小さいですね」**
**「身振り・手振りが大きすぎますね」**
**「Aさんの発言を遮ったよね」**
**「メモとりに集中してずっとうつむいてたね」**
**といった、自分では気づかない点や改善点を教えてもらえる**わけですから、利用しない手はありません。

## ためらわず即！予約を

**「皆の前で話すのは苦手だから」と、セミナー参加を避ける学生が非常に多いですが、就活ではそんなことを言っている余裕はありません。**

特にこのような集団系セミナーは、一定の母

## 対策セミナーで場数を踏んでおく

集団選考対策系のセミナーは貴重！
絶対に参加しておこう

数が集まらないと成り立たないため、そう頻繁には開催できないという主催者側の事情もあります。

定員一杯で締め切られることもあります。参加者を募集している状況は、実に貴重なものなのです。ためらわず、すぐに予約しましょう。

大学が主催するセミナーに参加するのが王道ですが、同じ大学だと仲間内ばかりでやりにくい、慣れ合いになり真剣さが足りない、というケースもあります。

この場合、新卒応援ハローワークや私学事業団といった公的就職支援機関が行うもの、民間の就活支援事業者が行うものもあります。ネット検索等で探してみてください。

# 3-8 前々日までのToDo

## 集団面接——回答を固めてセミナー・自主練

最初にすべきことは、「ガクチカ」や「志望動機」といった**定番質問の回答案**を作成することです（3-1、2参照）。

**大学のキャリアセンター等の専門家の添削を受けて、自信を持てるレベルに**回答内容を仕上げておきましょう。

また、積極的に**模擬集団面接セミナー**に参加し、講師からのフィードバックを元に改善策も練っておきます。

学業や部活などで本番までにセミナーを経験できない場合もあるでしょう。

その場合でも、自主練習はできます。

やり方は、たとえば面接官から志望動機を聞かれたと仮定して、固めた回答内容を本番さながらに口に出すことで行います。

やってみればわかりますが、思うよりスラスラ言えません。スムーズに話せるまで、繰り返し練習してください。

## GD——企業・業界研究とセミナー参加

まず**企業・業界研究**を綿密に行いましょう。

討論で使えそうな数字やデータ、事例はノートに書き出して覚えておきます。

今年度の出題テーマがうまく入手できたら、それに役立ちそうな情報も収集しておきましょ

## — 前々日までの To Do —

### 1. 集団面接

- □ 定番質問の回答案作成、専門家からのフィードバック、修正
  - □ ガクチカ
  - □ 志望動機
  - □ 自己PR
- □ 模擬集団面接セミナー参加、改善
- □ 自主練習

### 2. GD

- □ 企業研究
- □ 業界研究
- □ 討論に使えそうな数字・データ・事例をノートに書き出し覚える
- □ 今年度の出題テーマのリサーチ
- □ 今年度の出題テーマに役立つ情報収集
- □ 模擬GDセミナー参加、改善

### 3. 集団面接・GD共通

- □ スーツ・シャツなど衣服の準備
- □ 体調管理

う。

セミナーに参加して改善策を練るのは、集団面接と同じです。**ＧＤは自主練習できないので、セミナー参加の必要性は、より高い**と言えます。

その他、共通の話として、印象を左右するスーツやシャツの準備を怠らないようにしましょう。

クリーニングに出したままで本番に着るものがない、シワシワでアイロンをかけても戻らないといった「うっかり」は絶対にＮＧです。

さらに、体調管理を徹底することが大事です。他の就活生と一斉に比較される集団選考で、体調や気分の優れない状況では、明らかに不利になります。

# 3-9 前日までのToDo

## 何事も用意周到に

集団選考でも個別面接でも、本番前日は皆緊張します。完璧に準備できても、寝不足で頭がボーッとして本領を発揮できないのでは意味がありません。

**前日は準備をそこそこで切り上げリラックスし、早く就寝しましょう。**

持ち物と会場の確認は、当日ではなく前日に済ませましょう。当日にバタバタで動揺したら、良い状態で本番に臨めません。

特に集団面接では、面接中に面接官が見るための**履歴書やエントリーシートの持参**を求める場合があります。忘れたら即、不採用決定ですから、細心の注意を払ってください。

毎年、会場近くで迷子になり遅刻する学生が必ずいます。遅刻も不採用直結です。**会場の地図**もカバンに入れておきましょう。

次に、明日の本番で話すための準備です。

・**集団面接**

定番質問の回答の最終確認をしましょう。

時間が許す限り、固めた回答内容を口に出す自主練習を繰り返し行ってください。

・**GD**

企業研究、業界研究の内容の最終確認をします。本番で使えそうな数字やデータ、事例等を記憶するのは前日が最適。頭にしっかり叩き込んでおきましょう。

# 3-10 当日、出発前にこれだけはチェック！

## 不採用につながるリスクをつぶす

**・遅延していないか？**

まず、交通手段が通常通り運行されているかチェック。会場に着かなければ不採用です。事前に遅延や不通を知れば対策が打てます。

**・持ち物**

次に、持ち物の最終確認。特に、企業から指定された書類を忘れたら取り返しがつきません。

スマホのバッテリーも必ずチェック。いざという時に電池切れではパニック必至。念のため予備バッテリーの持参も検討すべきでしょう。

**・「清潔感」ＯＫ？**

次に、「ビジュアル面」の準備をします。男性ならヒゲの剃り残しがないか、女性なら就活に合ったメイクになっているか等、「清潔感」をクリアできていますか？

毎年、目ヤニや鼻毛が出ている人を目にしますが当然ＮＧ。必ず鏡でチェック。できれば家族等の客観的な視点からも見てもらいましょう。後頭部の寝ぐせ、取り忘れたクリーニングのタグ等は、自分ではなかなか気づけません。

**・腕時計**

最後に、特にＧＤでは腕時計を必ずしましょう。していない人も散見されますが、ＧＤでは時間管理が重要です。必ず役立ちますので、忘れずに身につけましょう。

# 3-11 会場入りまでの道中は？

## 1時間以上前に着く

１時間以上前に会場に着くように家を出ましょう。10分でも15分でも30分でもなく、「１時間以上」です。途中で人身事故等により不通になっても、１時間以上余裕があれば他の交通手段を使ってリカバリーできるからです。

**鉄道会社発行の遅延証明書があっても問答無用で会場入りを禁じる企業も、実際にあります。**

指定時刻に会場に着けないのは最大の不採用要因です。事前に排除しておきましょう。

移動時間も有意義に活用しましょう。日経新聞やビジネスニュースをチェックする等、話題になりそうなネタを仕入れておきます。

某金融機関の集団面接で、**「昨日の日経平均株価の終値は？」**という質問が出たことがあります。

某政令指定都市のＧＤでは、**「◎◎駅から会場まで歩いてきた中で、市政上の問題と感じた点を挙げて、話し合いなさい」**という主旨のテーマが出題されました。

道中もボーッとするわけにはいきません。

なお、情報収集に夢中になり乗り過ごさないようにしてください。スマホのアラームも活用しましょう。

**こういった一手間が、緊張していると起こりやすい、ふだんなら思いもよらないミスからあなたを守ってくれるのです。**

# 3-12 会場の下見と、その後に過ごす場所探し

## そのまま会場入りしない

就活本番の時期になると、前日までに会場を下見する時間がなかなかとれないので、本番当日に早めに会場に着き、下見をしましょう。

会場の正確な場所さえつかめればＯＫです。

**ここで建物の中には入らないでください。**これは重要です。

ドアを開けたらすぐ受付があり、訪問目的を問われる場合があります。この場合、「時間を間違えて来た学生」と扱われる危険性がありますから、絶対にやめましょう。

下見が終わったら、**カフェやファミレス等、時間を潰せる場所**を探します。

都市圏のターミナル駅付近に選考会場があると探しやすいはずです。移動時間を考えると、会場から徒歩5分圏内が理想的です。

近くになければ、会場に近い駅や公園のベンチ等で過ごすのもありです。

なお、意外かもしれませんが、おすすめは**カラオケボックス**です。個室なので人目を気にせずくつろげますし、大声を出せますから、発声練習の場としても使えます。ただし喫煙ルームだと臭いがつきます。気をつけましょう。

カフェにしろカラオケボックスにしろ、騒がしい空間だと、本番前の大事な時なのに落ち着けません。混雑しておらず、落ち着いた雰囲気のところを選びましょう。

# 3-13 落ち着いて臨める「会場入りまでの過ごし方」

## 最後の最後まで手を抜かない

本番までの1時間弱で最終チェックをします。

**・集団面接**

定番質問の回答を時間が許す限り読み返しましょう。カラオケボックスなら、大きな声で回答を読み上げるといった実戦練習ができます。

**・GD**

企業研究・業界研究の内容、特に討論で使えそうな数字、データ、事例等を見返して覚えておきます。時事問題のテーマ対策として、今朝の日経新聞やビジネスニュースも最終チェック。カラオケボックスなら大きな声で氏名を名乗る等、しっかり声を出す練習を。滑舌が悪くて聞き取りづらいと、いくら良い意見やアイデアを言っても、集団の中で高評価はもらえません。

指定時刻の10分前に会場入りするとして、カフェ等を出発する10分前にはトイレを済ませます。トイレの鏡で表情をチェック、男性はネクタイの結び目を正す、女性は化粧直しをする等、最終ビジュアルチェックをします。

企業から指定された持ち物をカフェ等で広げて置き忘れた、では洒落になりません。出発前には、机・イスの下も含め入念に忘れ物がないかチェックしてください。

**最後に大きく深呼吸を5回して気持ちを落ち着かせ、レジを済ませ会場に向かいましょう。**

# 3-14 会場入り時の傘、コートの取扱い

## 集団選考で際立つマナー

雨が降っていた場合、さしてきた傘をどう扱うかは、見られています。**傘に付いた水滴を屋内に持ち込むのは絶対NG。**建物やビルに入る前にしっかり払います。濡れた傘を収納するビニール袋が置いてあれば、使います。入口にある傘立てに置くよう指示があれば従いましょう。

雨の時はカバンや靴も雨や泥で汚れます。中に入る前に汚れを落とします。コートやスーツが濡れていたらハンカチ等でふき取りましょう。

**コートやマフラーも、屋外で脱いでから入る**のが鉄則です。屋内に入ってから脱ぐ人を多く見かけますが、マナー違反です。入り口前ではたつくのは印象が良くないので、会場付近の見えないところで脱いでおきましょう。

傘やコート、マフラー、カバンと手荷物が多くなりますが、待合室や選考会場に移動する際には、**コートやマフラーは片方の腕にかける等、スマートに**持ち運びましょう（移動中に傘やマフラーを落とす人も多いです）。

ささいなことに思えるかもしれませんが、集団選考ですから、**きちんとマナーを遵守していれば他の人より際立つ**こと間違いなしです。

余裕のある時に、ぜひ練習しておくことをおすすめします。

# 3-15 受付でのマナーとルール

## 人事との接点はすべて選考対象

　複数の学生が参加するため、通常は人事担当者が受付台や机を設けて受付対応をします。混み合った際には列に並んで順番を待ちましょう。

　順番が来たら、「本日14時の集団面接（ＧＤ）に参加予約しました、早教大学の鈴木綾香と申します」と大きな声で名乗りましょう。

「早教大学ライフデザイン学部健康スポーツ学科４年の～」とすべて言うと長いので、**「大学名と名前のみ」**を推奨します。

　人事担当者が参加名簿にあることを確認したら、会場を口頭で案内してくれます。「右奥の第１会議室ですね、ありがとうございます」と案内された内容を復唱してお礼を述べます。

　この際、言い終わった後に、担当者の方を向いて会釈（傾斜角度15度でのお辞儀）するのも忘れずに。せっかく案内してくれたのにお礼も言わない人がたまにいますが、良い印象は持たれません。必ず**「復唱＋お礼＋会釈」**をセットで行うようにしてください。

　この受付で初めて人事担当者と顔を合わせるわけですから、躊躇せず堂々とやることが大事。**「企業との接点はすべて選考対象」**です。

　企業側から見れば、次々とやってくる学生を受付するだけでも、おのずと良い印象を持つ学生とイマイチな学生とに分かれてきます。

　ここでの第一印象の良さが後で効いてくる可能性があります。

　絶対に気を緩めないでください。

# 3-16 トイレを借りる

## トイレ空間を有効活用

事前に済ませておくのがセオリーですが、緊張のあまりもよおすケースも、少なくありません。

開始前に我慢したばかりに、本番中に行きたくなり抜け出すことになったら明らかに不利です。トイレに行きたくなったら、絶対に無理せずに借りましょう。

個別と違い、集団選考の場合は、同じ場所に学生がたくさんいますので、他の学生が先に申し出たら追随すればいい場合があります。採用担当者が選考開始前にトイレを済ませておくようアナウンスする場合もあります。集団選考は比較的トイレを借りやすい状況と言えます。

トイレに行くと、ピリピリした空気が漂う会場からいったん離れられるので、焦る気持ちをクールダウンさせることができます。個室に入ればより一層、気持ちを整えやすいでしょう。

洗面台で顔を洗って気合いを入れ直したり、うがいをして口を潤したり、鏡でビジュアル面の最終チェックもできます。

こういったメリットがあるので、**行っても良さそうな雰囲気なら、特にトイレが近い状態でなくても、行くことをおすすめします。**

ただ、本番ギリギリのタイミングで行くと、どうしても印象が悪くなることは否めません。どうしても我慢できないレベルの時だけにしましょう。

# 3-17 待合室での過ごし方

## 待合室の様子も見られている

本番までの時間を過ごす場所は、大きく分けて2通りあります。

ひとつ目は、待合室がなく選考会場に入り待たされるケース。ＧＤによく見られます。

もう一つは、選考会場が別で、本番直前まで待合室で過ごした後、選考会場に移動するケース。

いずれにせよ、**人事担当者がいれば行動をチェックされている**と思ってください。

手持ち無沙汰だからとスマホをいじったり、ボーッとするのはＮＧ。ノートや手帳をカバンから出して眺めるのも基本的にはＮＧ。他の人がしていても我慢です。**堂々と顔を上げて粛々と本番を待つ。**これに尽きます。

他の人との接触は、「こんにちは」の挨拶に止めておきましょう。人事担当者がいないと、「就活どう？　今、どこ受けてるの？」と声をかけてくる人がいますが、本番前のこのような雑談は一切ＮＧ。こういった人に釣られて、一緒に印象を悪くしないようにしてください。

カバンやコートを待合室に置くよう指示があれば機敏に対応する等、会場内の指示に従ってください。

なお、待っている間でも深呼吸くらいはできます。本番に臨む控室、調整場所ととらえ、ここで深呼吸して気持ちを整えておきましょう。

# Part 4

# 「集団面接」本番！「想定外」がなくなるコツ12

## 4-1

# 意外に知らない「正しい入室」

### 入室順によって、やり方が違う

待合室から本番会場に移動する場合、カバンやコートの手荷物を待合室に置いておくのか、持っていくのか、気になるでしょう。

これは当日アテンドしてくれる人事担当者から必ず指示がありますので、それに従えば特に問題はありません。

通常は入室順を指定されますので、従います。

たとえば、

「法経大学の佐藤君、東都大学の鈴木さん、西都大学の山田君、明政大学の田中さんの順で入室ください」

とあれば、その順で入室します。

なお、**最初（佐藤君）と中間（鈴木さん・山田君）と最後（田中さん）では、入室のやり方が違う**ので、注意が必要です。

### 最初に入室する学生は、注意が必要

最初の人（佐藤君）は、ドアノックを3回行います。

会場内から「どうぞ、お入りください」といった旨の返答があります。

それを受けてドアの前で「失礼いたします」と大きな声で挨拶してから、ノイズが出ないように丁寧かつ慎重にドアを開けます。

後から続く学生のために、ドアが開けたままの状態になるまで開け切ります。

## 入室にはルールがある！

「先頭の人から奥のイスへ」といった細かいルールが多いので要注意

そして1歩分、入室したら、再度「失礼いたします」と直立不動で挨拶をし、45度でのお辞儀後、並べてあるイスの最奥の場所に向かいます。

次に続く中間（鈴木さん・山田君）は、前の人に続いて同じ動作をスムーズに行えば良いだけです。

**前の人が入室時の挨拶をしない等、間違った行動をしてもつられず、自分の番で正すようにしてください。**

最後の人（田中さん）は、前の人に倣いながら、最後にドアをゆっくりと閉めればOKです。

最初の人にはプレッシャーがかかりますが、ここは焦らずむしろチャンスととらえて、堂々とやることが大事です。

# 4-2 正しいふるまいとイスの座り方

## イスに座るまでの動作

イスに辿り着いたら、イスの左側に立つのがマナーです。

面接官と向き合うかたちで、直立不動で全員が揃うのを待ちます。

カバン等は、まだ下に置かないでください。

全員が揃った時点で面接官から、

「それでは面接を始めます。よろしくお願いします」

と開始が告げられます。

「よろしくお願いいたします」

と、大きな声で返答しましょう。

**周りを伺って躊躇しないで、自分が口火を切る勢いで堂々とやってください。**

その後、45度のお辞儀をします。

面接官から

「どうぞ、（イスに）おかけください」

と促されますので、

「失礼いたします」

と挨拶をし、会釈（15度でのお辞儀）をしてイスに座ります。

この時点でカバンをイスの左横、イスの脚に接触させるように置きます。コート等はカバンの上に置きます。

**促される前に座ると失笑ものです。**十分注意してください。

### 「座る姿勢」で損している人も多い

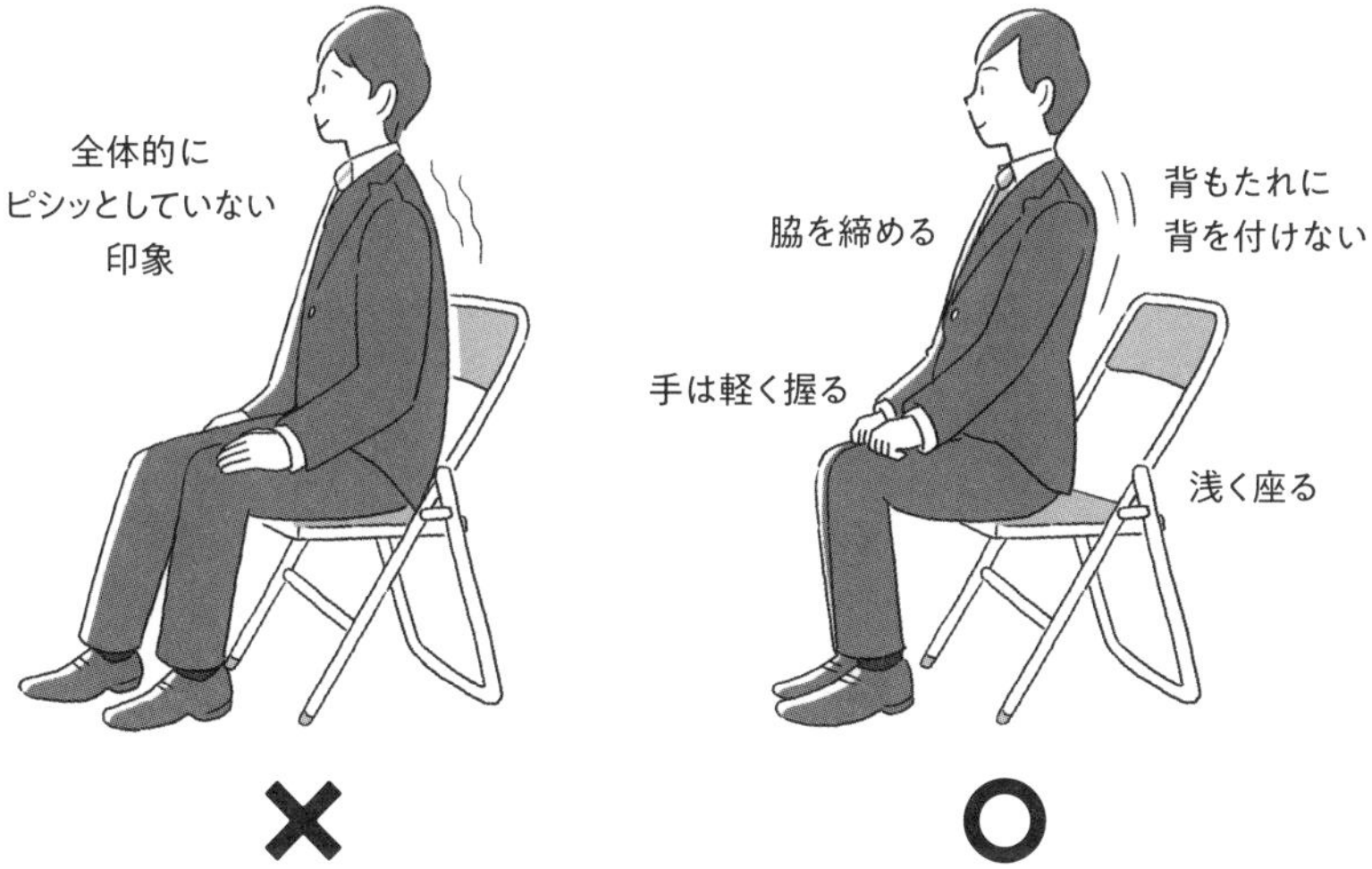


## 正しいイスの座り方とは？

背もたれに背中をつけず、後ろ側約半分のスペースを余らせるように浅く座ります。

足は、男性は腰幅に広げ、女性はくるぶしと膝をしっかりくっつけます。膝の角度は90度が基本です。

手は、男性は軽く握り、女性は組んで膝と足の付け根の間に置きます。

肩の力を抜き、腕と胴体の間に卵一個分のスペースが空くのが理想です。

そして背筋を伸ばして胸を張ります。

集団面接では、正しくイスに座るだけで印象が良くなります。

ぜひ正しい座り方をマスターしてください。

# 4-3 視線、体の向きも見られている？

## 体全体を面接官に向ける

まず、頭だけでなく体全体を面接官の方に向けるのが基本です。面接官の真正面以外の席の場合、**イスは正面を向いたままで、中央にいる面接官の方に体を向ける**ようにしてください（イスごと向けると少々やりすぎです）。

視線は、自分の回答の番では、面接官の目をしっかり見ましょう。目線が安定せず落ち着かないと、良い回答をしても信ぴょう性が疑われます。集団面接では一人の持ち時間が短いため、**「目は口ほどに物を言う」**と心得てください（「目」のウェイトが高まるのです）。

自分の回答の番ではない時は、面接官の目を凝視するのではなく顔全体を眺める感じにしましょう。選考会場をキョロキョロ見渡す人がいますが、NGです。

**目線は原則、落とさずにいましょう。例外は「よく考えないと回答できない時」です。**「あなたを○○に例えると何ですか？　その理由も教えてください」といった、アドリブを効かせなければならない質問が代表的です。

目線を落として集中した方がいいアイデアが浮かぶでしょうし、面接官も「今、必死で考えているんだな」と許容してくれます。ただ、自分を「動物」や「色」に例える質問は、就活面接では既に定番化しています。

答えに窮したら何でも目線を落とせばいいというのではなく、あくまで例外的な対応と考えておいてください。

# 4-4 声の大きさとスピードで差がつく

## 1・5倍の「ソ」の声でゆっくりめに

集団面接では、言いたいことがちゃんと面接官に伝わることが最重要。

声は非常に重要な要素です。

一番大事なのが「大きさ」。面接官との距離にもよりますが、いつもよりも**1．2倍から1．5倍**の声量で話すことをおすすめします。

なお毎年、大きな声を出すことにためらう人が多いのですが、**遠慮はいりません。集団面接は大きめの声を出して自分をPRする場所です。ボソボソ話すのはやめて、絶対に大きめの声で話すようにしてください。**

声のトーンも大事です。面接官に快く聞こえる声の高さは、「ドレミ」の音階の**「ソ」**の音と言われています。

声の大きさ、トーンを意識して、回答内容を口に出す練習を繰り返してください。

滑舌も重要です。**「今日は誰とも話していない」「全然声を出していない」では、本番で噛んだり詰まったり**する危険性が高いです。本番前のカラオケボックスを推奨しましたが、舌が滑らかになるよう発声練習をしておきましょう。

その他、話すスピードも大事です。緊張から、早口で回答する人が多いです。**少しゆっくりめで話した方が面接官にとっては聞き取りやすいし、落ち着いた印象を与えることができます。**

# 4-5 質問をしっかり聴く

## 思い込みで回答する人が続出

毎年、質問の主旨とズレた回答をする人がたくさんいます。緊張のせいか、内容をよく聴かずに勝手に解釈してしまうからです。

たとえば自己紹介時に、

「お名前と通っている大学名、学部を教えてください」

と質問されると、いつもの癖で、

「明洋大学経済学部から来ました鈴木陽菜です」

と、多くの人が回答します。

正しくは、

「鈴木陽菜と申します。明洋大学経済学部に通っています」

と、名前が先で、大学・学部は後です。

こんな簡単な質問でも、正しく回答できる人が少ないのが実情です。

「大学での専攻や研究は？」

との質問に、

「私のゼミでは、毎回教授からの課題を各グループで調べてまとめ、発表します。そこで私は副幹事を務め～」

と、大学での勉強内容ではなくゼミ活動の内容を回答してしまうのも典型的です。

他の人は正しく回答できているのに、一人だけズレた回答をすると即不採用です。

逆に言えば、こういうところで取りこぼさないと、通過が見えてくるわけです。

## 「聞かれたことに答える」が最低限のルール

当社の説明会に
参加しましたか?
若手社員の方々の話が
面白かったです
面接官

微妙に質問に対する回答になっていない

## 「前の人のミス」にお付き合いしない！

コミュニケーションの基本は、まず相手の話を「聴く」ことです。

特に集団面接では、**ちゃんと質問を聴いていないのは致命傷**です。面接官の質問を聴き逃すことなく、全神経を集中させてください。

前の人がズレた回答をしているのに気づいているのに、なぜかそのまま踏襲してミスのお付き合いをしてしまう人が毎年多数います。

先の例でいえば、自己紹介で前の人が「大学→学部→氏名」と誤った順で回答したのに、自分も同じ流れで回答してしまうのが典型です。恐れず、自分の番では正しく回答すべきです。

それだけでも、

**「ちゃんと質問を聴いている」**
**「周りに流されない」**
**と、面接官は評価してくれることでしょう。**

# 4-6 正しい回答の長さと流れとは？

## 「1分」が目安

まず回答の長さですが、**ガクチカや志望動機といった定番の質問は重要度が高いため、1分くらいが目安**です。

字数にすると、約３００字です。回答案を書き出して感覚をつかんでください。

定番系以外の質問は、出題予想が困難なため、臨機応変に対応することになりますが、**長くても1分以内**に収めましょう。

なお集団面接では、グループの持ち時間が決まっています。**自分だけ長く話すと他の人の時間を奪うことになります。面接官が最も嫌がる身勝手な行動で逆効果、絶対NGです。**

短すぎるのもＮＧ。大学時代に頑張ったことを聞かれ、「テニスサークルの活動です」だけでは淡白すぎます。

１分を目途に、説明を続けましょう。

## 好印象間違いなしの「始め方・終わり方」

次に回答の流れです。
質問されたらまず、
**「はい」**
と、いったん受け止めてから回答し、最後に、

**「以上です」**で締めるやり方をおすすめします。

まず「はい」で受けると、間が取れ、回答のリズムが良くなります。

「以上です」は、次の人に移って良い合図になるので、面接官はとても進行しやすくなります。

回答が終わったのか、まだ続くのかわからない話し方をする人が多い中、好印象を残せること間違いなしです。

**OK!**

**Q　人学ではどんな勉強をしていますか？**

**私は今、経営戦略ゼミに所属していて、「企業の長期繁栄」について研究しています。**

**その一環として「企業評価システム論」という専門科目の勉強に一番力を入れました。**

**これは「東証プライム上場企業だから安定企業で倒産しないだろう」と企業をイメージでとらえるのではなく、売上や従業員数といった企業が公開しているデータを元に、その企業価値を数値化しようとする講座です。**

**2つの電気メーカーを事例として用いましたが、当初の予想とは異なり、知名度の低い方が実は総合評価が高く、改めて数値化することの必要性を認識できました。この先、ゼミでこの研究を進めて最終的には卒論としてまとめていきたいと思っています。**

# 4-7 回答中の身振り・手振り

## 身振り・手振りは原則禁止

回答中の身振り・手振りは原則的にしないようにしてください。

就活生が自然発生的にやる身振り・手振りは、オーバーアクションでバタバタして落ち着きがないケースが多く、肝心な回答内容より「焦っているな」「何かを誤魔化そうとしているのかな?」という印象を強く持たれるからです。

効果的な身振り・手振りには非常に高度なテクニックが必要で、習得には相当の訓練が欠かせませんが、そんな時間の余裕はありません。

手を足の上にしっかりと置いて動かさず、背筋をピンと伸ばした不動の姿勢で回答する方が、無難で間違いないやり方です。

## 訴求力が上がる動作

唯一、就活生でも効果的なのが、首と体を面接官に傾ける動作。

たとえば面接官が3名いたとしましょう。質問をしてきた面接官を見て回答するのが基本ですが、他の2名の方にも首と体を向けて回答するやり方です。

せわしなく右、真ん中、左と切り替えていると落ち着きがない印象が伝わり逆効果なので、**ゆっくりターン**してください。

このように**すべての面接官にしっかりと視線を合わせて回答すれば、質問してきた面接官だけに回答するよりも、はるかに訴求力は向上します。**

# 4-8 最初に回答することになったら？

## 自己紹介の基本と応用

全就活生が入室、着席したら、最初の質問である自己紹介が聞かれます。

「左（右）の方から順に自己紹介をお願いします」

という聞き方をされるケースが圧倒的です。

自己紹介は、

**「青沢大学法学部から参りました、佐藤航太です。本日はよろしくお願いします」**

と、大学・学部・氏名に挨拶を添えるのが基本形です。

応用編として、氏名の後と挨拶の前に、

**「1年生から今も学習ボランティアに取り組んでいて、いま副代表を務めています」**

と、自分の売りを盛り込む、または、

**「第1志望の御社の選考なので緊張していますが、想いをしっかり伝えたいと思います」**

と、企業への志望の想いを盛り込むといった、**一言添えるやり方が非常に効果的です。**

ただし、長くなりすぎないように、この例のようにサラッと触れる程度にしてください。

第一印象を決める最初の回答です。応用編まで話せるよう普段から準備しておいてください。

**「前の人が長く話したので自分も長く話す」等、前の人のミスを踏襲しないよう気をつけましょう。「自己PR」を長々と展開する人も散見されますが、的外れです。**

「基本形＋応用編」で回答してください。

# 4-9 回答順が2番目以降だったら？

## 2番目以降に回答する注意点

2番目以降に回答する最大のメリットは、回答前に他の人の回答を聴けることです。

どう答えたらいいかが事前に把握できるので、間違った、ズレた回答を回避できます。考える時間もあるので、気持ちに余裕を持って回答できます。

他の人がダラダラ回答している時に、面接官が集中していない動作をしていたり、つまらなそうな表情をしていたら、面接官も「話が長い」と感じていると想定できます。ぜひ**面接官の様子もつぶさに観察**してください。

**前の人が間違った回答をしていたら、追随せず自分の番で訂正してください。**

たとえば「当社を知ったきっかけ」を質問されているのに、皆が「御社を志望する理由は〜」と志望理由を回答している（よくあるズレです）。

こういう時、恐れずに、「私が御社を知ったきっかけは〜」と、的確に回答する、ということです。

なお、前の人がうまく回答したり、自分が用意していたのと似た回答をしたことに影響を受け、事前に準備していた回答をその場で改変しようとする人がいます。

うまくいけばいいのですが、これを成功させるのはなかなか難しいです。ここは無難に、**準備してきた内容を回答することに徹しましょう。**

# 4-10 早いもの順で回答する時は？

## 先んずれば人を制す

「自分を○○に例えると、何ですか？」

といった定番系以外の、アドリブ力を見る質問では、思いついた順から回答する流れになることが多いです。

「他の人の回答を聞いた上で間違いのない回答したい」という気持ちはわかりますが、ここは「先んずれば人を制す」です。

最初の方に回答できるよう集中してください。

というのも、最初なら粗削りでも許されるものの、**後の順番だと回答の精度、クオリティが求められる**からです。

他の人がすでに言ったのと似た回答だと印象は薄いし、創意工夫が感じられないと見られる危険もあります。

後になるほど、かぶる可能性は高まります。アドリブ力がない人だと、先に言われてしまったらそれこそ混乱するでしょう。うまく言えないことを過度に恐れず、**「最初の方が有利」と腹を決め、早い順で回答してください。**

なお、「思いついた人から挙手してください」と指示がある場合が多いです。この場合、

「はい」

と、**大きな声で言い、ピシッとまっすぐに手を伸ばして挙げてください。**恐る恐る遠慮がちに手を挙げても無意味ですし、他の人と挙手のタイミングが同じになっても、こうすれば面接官の目にとまり、先に回答できます。

# 4-11 想定外の質問には、どうすれば良い？

## 「うまいことを言う」必要はない

最近は定番系質問では差がつかないため、事前の想定が難しい、トリッキーな質問が出題されるケースがあります。

某ＯＡ機器関連企業では、

**「今日、この面接の様子を誰に、どのように伝えますか？」**

**「なぜ、この質問をしたと思いますか？」**

**の2問しか聞かれなかった**ことがあります。

大いに焦るでしょうが、他の人も同じ条件です。まずは落ち着いて対処するに尽きます。

質問をよく聴きましょう。前者の質問なら、「誰に」「どのように」を盛り込むのがマスト。漏らさないよう集中して聴き取ってください。

想定外の質問に対しては、**「うまいことを言おう」と考えず、「正しく回答する」ことに比重を置いてください。**

最初に順番が巡ってきて、回答がまだ思いついていない場合は、

**「少し考えるお時間をください」**

**と、間をとるのもアリです。**質問も質問ですし、この程度なら面接官も許容してくれます。

なお、**想定外の質問の範囲は、事前準備である程度まで狭めることができます。**

的中すれば、他の人に大差をつけられます。事前準備を徹底してください。

# 4-12 他の人とかぶったら？

## かぶっても「自分の回答」に徹すればいい

回答がかぶった場合、それを上回る良いことを言えれば効果的でしょうが、緊迫した会場で複数の目がある中、**アドリブで対応するのは非常に難しいです。**

ガクチカを聞かれたら多くがサークル、アルバイト、学業を選びます。就活生の選択肢はそう広くないので、かぶる可能性は高いです。

「あなたを動物に例えると？」に対し、「犬」がかぶる場合もあるでしょう。

ただ、ガクチカで複数の人が「テニスサークルの活動」を選んだとしても、その取り組み内容はそれぞれに大きく違うはずです。

なぜ自分が「犬」かも、それぞれ違うはず。なので、**ブレずに堂々と自分の回答を貫くようにしてください。**

このように、一つの質問に対して回答内容が完全にかぶることはまずありません。

まして、集団面接では複数の質問が出題されるので、すべての質問の回答内容が完璧にかぶるということは絶対にありえません。

回答の仕方ですが、「私も前の方と同じく～」と、**かぶっていることをわざわざ認める発言は不要です。**

あまり難しく考えず、**「私は～」と一人称で、自分の回答を粛々と述べればいい**と考えてください。

Column 3

# こんな珍問も！

ネットや書籍で就活情報が簡単に手に入る今、「ガクチカ」や「自己PR」といった定番の質問だけではなかなか差がつかないため、珍問・難問が出題される場合があります。

たとえば、

**「隣の人の話にどんな感想を抱きましたか？」**――回答は事前に用意できませんね。他に、

**「あなたを漢字一文字（または四字熟語）であらわしてください」**

といったユニークなものもあります。

こうした質問には絶対的な正解はないので、初めて問われると回答に窮するでしょう。

採用担当者は、**アドリブ力**、**柔軟性**、**即興力**を見たいと思っています。**時間をかけずに**相応の回答ができるかが、最大のポイントです。

だから、大喜利のようにひねった、うまいことを言おうとして回答に時間をかけすぎるのはNG。ではどうすればいいのか？　たとえば、

「あなたを○○にたとえると何ですか？」

は、既に定番化しています。また、

「集団でのあなたはどのような役割ですか？」

「働く意味を教えください」

なども、よく出ます。初めてだと面食らうかもしれませんが、**よく出るということは、事前に対策が可能**ということです。

アドリブが得意中の得意という人は、準備しなくてもうまいことを言えるでしょうが、レア中のレアです。それ以外の大多数の人は、やはり**事前に十分な対策を打っておき、極力アドリブを問われる局面を減らす。**これが最善です。

# Part 5

# 面接官が本音でコーチ！「集団面接」OK／NG回答例

# 5-1

# 「自己紹介してください」

## 自己紹介の基本と応用

4-8でも説明しましたが、全員が入室、着席すると、最初の質問がされます。

「左（右）の方から順に自己紹介をお願いします」

という聞き方をされるケースが大半です。

「立修大学経済学部から参りました、佐藤亜美です。本日はよろしくお願いします」

と、大学・学部・氏名に挨拶を添えるのが基本形でしたね。

応用編として、氏名と挨拶の間に、

**「1年生から学習ボランティアに取り組んでいて、いま副代表を務めています」**

と自分の売りを盛り込む、または、

**「第1志望の御社の選考なので、いつもよりも緊張していますが、自分の想いをしっかり伝えたいと思います」**

と、企業への志望の想いを盛り込む等、**一言添えると非常に効果的**なのは先述の通りです。長くなりすぎないように、この例のようにサラッと触れる程度にしてください。

大半の学生が基本形しか話さない中で、応用編のように一言添えれば、いい意味で印象は違ってきます。特に、これは**第一印象を決める最初の回答です。ぜひ応用編まで話せるように準備しておきましょう。**

その他の注意点は以下です。

・前の学生の良くないやり方は踏襲しない。前の学生が長く話したので同じボリュームで話してしまう。あるいは、短かすぎる回答をしたので、躊躇して「応用編」を言わない等。

重要なことなのでくり返しになりますが、**「基本形＋応用編」**で回答してください。

**OK!**

**「はい、私、法沢大学法律学部から参りました、渡辺拓也と申します。今、約50名のサッカーサークルの会計係を務めており、普段は部費徴収に大変苦労しています。よろしくお願いいたします」**

**「私、東山大学経済学部グローバル経済学科4年の山本美和と申します。本日は第1志望の御社ですので、いつもより緊張していて、お聞き苦しい点もあるかと思いますが、一生懸命想いをお伝えしたいと思いますので、よろしくお願いいたします」**

**NG!**

## 質問をよく聞こう

前の学生が「関東大学4年の宮田愛です。本日はよろしくお願いします」と大学名、氏名と挨拶だけだったとしても流されず、自身の専攻や課外活動等の大学時代の取り組み概要、その企業への志望度合い、あがり症といったネガティブ面のフォローなど、一言添えましょう。

ただし、質問をよく聞いてください。たとえば**「手短に自己紹介してください」や「大学名と氏名を名乗ってください」と言われたら、このような一言を添えるのはやめましょう。**

一言添えるにも、「趣味は動画鑑賞です」といった凡庸なもの、「私は噛むほど味が出るスルメ人間です」みたいな浅い就活テクみたいなものは外す危険性があるのでやめましょう。

最初からフルバージョンの自己ＰＲやガクチカを**ボリュームたっぷりに話すのはＮＧ**。軽く触れる程度にとどめておきます。

# 5-2

# 「自己ＰＲしてください」

## 他とかぶってもかまわない

「自己ＰＲしてください」も頻出です。時間が限られるため、よく「１分で自己ＰＲしてください」と聞かれます。

時間の指定がなくても、**１分ぐらいは話してもＯＫです（字数にすると３００字程度）。いろいろ伝えたくても、１分と指定されているのに３分は長すぎ**です。

**最初に自分の強みを、その後に理由やエピソードを添え、最後にまとめます。**

他の学生とのかぶりは意識しなくてＯＫ。自己ＰＲですから、ポジティブな内容ならどんなものでもかまいません。

ただし、**強みが確かに備わっていると面接官が納得できるレベルの説明が必要**です。「リーダーシップ」の裏付けが「３人しかいないゼミのグループ長」では、さすがに厳しい。思い込みによる自己申告レベルでは逆効果です。

「私は継続力に自信があります」

と、最初に結論を述べます。その後、

「小学校１年から始めた書道は今も続け、中学・高校では陸上部で中距離を走り、今もサークルで続けています」

と、「強み」が培われた経験や事由を述べます。

つらくて何度もやめようとした葛藤を乗り越えたエピソードなどを添え、強みが備わっていることを補強します。最後にこの強みを今後も伸ばしていきたい旨で締めます。

**多くの人が誇張するので、等身大のＰＲの方が面接官の心に届きます。**この点を念頭に置いて回答案を準備してください。

OK!

**「私の強みは献身的に行動できることです。**

**これは中学から大学までの学生生活で重要な役職に就くことで培うことができました。**

**中学・高校時代は生徒会の役員を務め、学校行事の円滑な運営に力を入れました。**

**大学ではゼミ・サークルの企画担当として、皆の意見を取り入れて食事会や合宿の企画をしてきました。**

**特に大学のゼミ活動では、半ば強引なやり方のゼミ長と、快く思わないゼミ生の両方の考えを理解して、間に入って、ゼミ活動がスムーズに進むよう努めました。**

**そのせいもあってか団結感が生まれ、昨年秋には学内のゼミ大会で、3位入賞を果たすことができました。今後もこの強みを活かして頑張っていきたいと思います」**

NG!

## 長すぎ、短すぎはダメ

集団面接は時間が短いので、コンパクトに伝える必要があります。

突っ込んだ質問はされないので、**1話完結で**話しましょう。

「1分で」「3分で」と指定があれば、その枠で話さないといけませんが、**なければ目安は1分**としましょう。

前の人が長くても、長すぎは逆効果。

もちろん、強みしか言わないといった短すぎもNGです。

# 5-3

# 「学業への取り組みについて教えてください」

## 専門分野を中心に回答する

「大学ではどのような勉強をしていますか？」
「大学での専攻は？」
「現在の研究内容（テーマ）は？」
といった感じで質問されます。

大学での勉強を重視する企業が増えています。**熱心に勉強していなくても、積極的に伝えるべきではありません。**大学生なら、誰でもそれなりに専門課程の勉強をしているはずなので、専門分野を中心に回答するのが鉄則です。

理系学生は専門性が非常に強いため、研究室や研究テーマを中心に語ればＯＫ。専門用語を多用すると、専門外の面接官にはわかりづらいので、素人にもわかる丁寧な説明が必要です。

問題は文系。
「今、経済学部で経済の基礎を学んでいます」
「法学部なので、法律を勉強しています」
と、回答した人がいました。就活本番を迎える３年、４年生で基礎学習レベルや当然の話をするのはＮＧ。**専門分野を中心に**話さなければなりません。たとえば以下です。

**「今、労働法ゼミに所属し、派遣法改正の歴史と非正規雇用の推移の関連性を研究しています（する予定です）」**

この後**1分程度で概要説明**を付け足します。

集団面接では深堀りされないので、**1話完結**でまとめて話してください。就活開始時は、ゼミや研究室、研究・卒論テーマが未定というケースもあるので、**予定や見通しでもかまいません。**

**OK!**

「卒論は、『Z世代の価値観や他の世代との違いがもたらす様々な影響』を研究テーマとする予定です。一般的な定義によると我々もこの世代になりますが、我々が普通と思っていることも、先輩世代から見るとギャップがあるようで、そこを考察したいです。

特に、我々は生まれた時からインターネット環境が整備されたデジタルネイティブ世代で、ＳＮＳをフル活用し、社会問題や政治問題にも関心が高く、自分の価値観や個性を大事にする、という点が他世代との大きな違いと言われています。

こうした違いが、経済や社会にどのようなインパクトを与えているのかを、単なる統計データの取りまとめではなく、実際のインタビューによる情報収集等を交えて、まとめていきたいと思っています」

**NG!**

## 「活動内容」ではなくテーマを

「毎回課題が出るので、グループで調べた内容を発表します」と、回答する人が多数います。

しかしそれはゼミや研究室の活動内容であり、質問とズレています。ここは自身の研究内容や専攻内容を聞かれています。

卒業研究、卒論のテーマが決まっていれば、それを伝えるのが最善です。長々と詳細まではなく、**概要レベルにとどめておきましょう。**

なお、前の人が専門用語を多用して「勉強しているアピール」をしても、釣られず平易な言葉でわかりやすく伝えます。

意図していなくても、嫌味に聞こえる場合もありますし、面接官に伝わらなければ逆効果だからです。

# 5-4 「学生時代に力を入れて取り組んだことは何ですか？」

## 話題は「ありがち」でOK

コロナ禍が収束した今、いわゆる**「ガクチカ」は最頻出質問に戻っています。**

「他の人とかぶったら……」

「すごい話をしたいが経験がない」

と、嘆く人が毎年多くいます。

しかし、テニスやフットサルといったサークル活動、飲食店や塾のバイト等、**ありがちな内容でも、自分が力を入れたと自信を持って言えるなら、何を選んでもかまいません。**すごい活動をしている人はそういないし、集団面接はすごさだけを評価する場ではないからです。

回答方法ですが、

「テニスサークルの活動です」

と、最初に結論を話します。その後に、

「春秋の学内大会に向け週3回練習しています」

と、その団体の活動内容を話します。そして、

「2年次はイベント係リーダー、3年次は幹部として約60名のメンバーをまとめています」

と、自身の活動概況を述べます。

その後に自身がぶつかった困難や、乗り越えたエピソード等を述べ、最後に得たこと、学んだことで締めます。

ここも**1分**を目途に回答してください。

よくあるのが、チームや団体とあなたの活動が混在するケースです。たとえば団体競技なら「昨年は1部リーグで優勝しました」は、団体の成績です。それより、**あなたがどのような努力**

**や貢献をしたのか、**説明する方が大事です。

「学生時代」は「大学時代」。高校以前は含みません。ここも**1話完結型**で回答してください。

OK!

**「サッカーサークルの活動です。**

**入部時、全くの未経験で、体力にも自信がありませんでした。最初は皆と同じ練習量をこなせませんでした。**

**そこで毎日5キロのランニングと筋トレを自らに課しました。雨の日も風の日も続けたおかげで、半年後には10キロまで距離を伸ばし、練習にもついていけるようになりました。**

**そこで満足せず徹底した自主練を続け、3年秋のリーグ戦ではベンチ入りでき、引退前のリーグ戦ではスタメン入りできました。**

**『努力は報われる。だから怠らない』、これが経験から得た私のポリシーです」**

NG!

## 「それはチームの成果？」

大半の学生が「アルバイト、サークル、ボランティア、学業面」のどれかを話すでしょう。差別化の意味でも、**「どのように頑張り、何を得たか」**にポイントを置いてください。

くり返しになりますが、「1部リーグで上位入賞した」といった団体競技サークルの好成績や、「アルバイト先の居酒屋の売り上げが130％アップした」といった成果を、すべて自分の力のように話す人が多いため、つい釣られて話を盛ってしまう人がいます。

しかしこれは逆効果。

たった一人の力で成せるものではないことは、面接官はお見通しです。

**等身大の自分の頑張りや努力を述べる方が、評価につながります。**

# 5-5

# 「志望動機を述べてください」

## かぶっても堂々と！

まずここは、応募企業に**興味を持ったきっかけや企業研究、会社説明会等で得た情報を織り交ぜて、1分くらいのボリュームで端的に**伝えましょう。

「御社が第1志望です」といった志望度の高さアピールは、後の個別面接で伝えるやり方をおすすめします。

まだ志望が十分に固まっていない状況で集団面接に参加するケースも実際多いし、時間の関係もあるからです。

なお、就活生が志望動機を作る情報源は、ホームページや会社説明会・セミナー、参加したインターシップ等、似たようなところになります。前の人が似た話をしても、かぶることを恐れず、堂々と伝えてください。

**OK!**

**「私は大学入学時から今まで、コンビニでアルバイトをしているのですが、お店で扱う商品の大半が、時期や気候などの要素によって売れ方が大きく変わります。**

**でも、なぜか御社の商品だけはほとんど変動せず売れ続けるんです。なぜ？　と思ったのが、御社に興味を持ったきっかけです。**

**先日、御社の会社説明会に参加させていただきましたが、社員の皆さんの『魅力的な商品を作る』という真剣な想いを強く感じ**

ました。

　さらに、『10年後を見据えたプロジェクトが既に始動している』という話を聞き、御社の商品が売れ続ける理由が、なんとなくわかったような気がしています。

　今は、『興味がある』だけではありません。御社で、皆さんと一緒に魅力的な商品を作っていきたい。そんな思いでいっぱいです」

## NG! 「稚拙」を脱するには？

「私は御社の商品が大好きで、小さい頃からよく購入しています。特に『森の動物たち』はロングセラーで、飽きのこない味が魅力で、母親も大ファンで、リビングに常備しています。私もこういう魅力ある商品を企画して皆においしいと言ってもらいたいと思って志望しました」


「御社の若手社員が生き生きと働いていらっしゃる姿をホームページで拝見し、私もそうなりたいと思いました。

　充実した福利厚生は就職先を選ぶ際に重視している点です。

　育休を小学校入学まで取得できるのも魅力ですし、私は体を動かすのが好きなので、スポーツクラブの法人会員制度も利用できる御社で、ぜひ働きたいと考えました」


　大好きだ、ファンだ、商品企画をやりたいの一辺倒だと稚拙すぎます。

「ＯＫ！」例のように、**実体験に基づいて興味を持ったきっかけから、徐々に志望の想いが熟成されていくプロセス**を語ってください。

　働く上で、福利厚生が充実している点が魅力的なのは間違いありません。

　ただ、それは副次的なものであるはずです。

　その企業や仕事内容に注目して志望動機をつくらないと、納得感を得ることはできません。

5-6

# 「長所と短所を教えてください」

## 長所と自己ＰＲは違う

「長所と短所を」と、セットで聞かれることが多いです。聞かれた順どおり、長所を先に、短所を後に回答しましょう。

**長所は、性格上の強みを述べます。自己ＰＲは仕事で活かせるスキル・経験を述べますから、きちんと違いを理解して回答しましょう。**

毎年、自己ＰＲと長所で同じ回答をする人が後を絶ちませんが、差をつけることができます。

長所の回答に集中しすぎて短所を答えない人も、たまにいます。気をつけてください。

長所は、「粘り強い」「優しい」等、ポジティブなものなら何でもかまいません。

一方、短所は性格上の弱みを述べます。

「そそっかしい面があるが行動力の裏返しと考えている」といった、**短所を長所に置き換えるテクニックはやめましょう。**短所がない人はいませんから、こざかしいテクで印象を悪くする必要はありません。素直に伝えた方が得策です。

ただし、短所を言いっ放しだとネガティブ面だけが残ってしまいますから、克服や改善のフォローで前向きな姿勢をＰＲしましょう。

たとえば、「考えすぎる」なら、

**「自分がコントロールできない事案は、できるだけ考えないように努めています」**

といった感じです。

なお、長所と短所のセット質問は、

**「長所は◎◎、短所は△△＋フォロー」**

を、基本形として回答します。

長所を証明する理由やエピソードを語る時間的余裕は、あまりないのでほどほどに。

**OK!**

**「長所は、誰とでもすぐ打ち解けられることです。子供の頃、父の仕事の関係で転校を4度経験しました。その度に自分から周りに声をかけるなど、なじむ努力を繰り返しました。そうするうちに、誰とでもうまくやれる自信を持てるようになりました。**

**一方でこういった面接のように、厳粛な場では緊張してしまうのが短所です。少しでも緊張感を減らすために、普段から事前準備を徹底するように努めています。**

**この面接に臨む前も、自分なりに準備してきたつもりです。この場はこうした準備を発揮する絶好の機会ですので、きちんと出し切って後悔のないようにしたいです」**

**NG!**

**「私の長所は、誰とでもすぐに打ち解けられることで、誰にも負けない自信があります。短所は緊張しやすいところですが、何事もいい加減にせず真剣に臨むからこそで、むしろ長所の一つと前向きに考えています」**

## 「自信」に説得力を持たせるには

ポジティブな内容を長所にするのは良いのですが、「自信がある」だけでは弱いと言えます。「ＯＫ！」例のように「なぜその長所が備わっているのか」を、具体的な経験や事例を用いて端的に説明しておくと、より説得力が増します。

短所がない人はいませんから、定石通り、短所克服や改善のフォローで、前向きな姿勢をＰＲしておくのがベスト。短所を長所に置換するのは「浅薄な就活テクに溺れた人」と見なされ好感を持たれません。

# 5-7

# 「自分を動物に例えると何ですか？」

この場合、できるだけ早い順で回答した方が心理的に楽で、かぶりも避けられます。思いついたら躊躇せずに回答しましょう。

## 「面白い話」は求めていない

大喜利ではないので、皆にウケる、面白いことを言わなければならないわけではありません。「カメはカメでも、ウサギのようにフットワークが軽いカメです」等と妙なひねりを入れる人がいますが、わかりづらくなります。やめましょう。

4-10で既述のように、動物の選択肢はそう多くないので、前の人とかぶる可能性は大いにあります。しかしなぜその動物かはそれぞれ違うので、気にせず選択理由をきちんと説明すればＯＫ。

なお、この手の質問は、

「思いついた人から挙手で」

と、指示されるケースも多いです。

**OK!**

**①「カメです。ウサギとカメの童話のように、歩みは遅くても着実に前進することで目標を達成する。やめることなく柔道の稽古を続け、15年かけて有段者になる夢を叶えた私とそっくりだからです」**

**②「ペンギンです。グループで行動する点が、野球というチームスポーツを続けてきた私と似ているからです。勇気を持って最初に**

海に飛び込んで仲間に安全を知らせる、ファーストペンギンのようになりたいという想いもあり、ペンギンを選びました」

③「犬です。犬は、分け隔てなく誰とでもすぐになじめる動物です。私は、学校でも部活でも、上も下も関係なく誰とでも良好な関係を築いてきました。動物にたとえるなら犬しかないと思います」

④「リスです。単独生活の動物という点が、一人でも旅に出たりする行動特性のある私と似ていますし、少し臆病なところも似ていると考えたからです」

## NG! 質問の主旨とズレないように

①「カメです。行動が遅い、反応が鈍いところがあるのは、私も自覚していますので」

――わざわざネガティブ面をここでPRする必要はありません。

②「ペンギンです。歩き方が似ていると言われたことがあるので」

――その動物の行動特性や性格に合わせた方が無難でしょう。

③「犬です。我が家では長年、犬を飼っていて、愛犬と心が通じているからです」

――「愛犬とコミュニケーションが図れるから犬」では質問の主旨からズレています。

④「リスです。あのように愛くるしい存在になりたいと思っています」

――「なりたいと思う願望」だと、質問の主旨とズレています。

Column 4

# 集団面接で光る人の共通点

集団面接は、参加者全員を均等に扱う必要があるため、特定の人に「どんなことがあったのですか？　具体的に教えてください」等と深掘りするのは原則「なし」です。

そのため、「伝えたかったことの半分も言えなかった」ということが毎年、起こっています。

ただ、こういう条件下でも高評価を得る人がいます。彼らには共通点があります。

■一つは、**「端的に話せる」**。つい冗長気味になる、あるいは逆に話が短すぎる人が多い中、ポイントを押さえて適度なボリュームで話せる人は、やはり光ります。

■次に**「質問の主旨に沿い正しく回答できる」**。「普段から新聞は読んでいますか？」と聞かれて「今朝の日経1面の『A社にB社がTOB』には驚きました」と回答してしまう。「読んでいるか否か」を聞いているのです。これでは「読んでいます」という回答を勝手にスキップしていることになります。

「質問に正しく答えるなんて当然だよ、自分はできてる」と思っている人が大半ですが、このようにズレている人は実に多いのです。

■最後に、**「突っ込まれる懸念材料を盛り込んでおける」**。深掘りがない以上、1話完結のシナリオを考えておかなければなりません。深掘りがないのを見越して「具体的には、毎年サマーキャンプに参加して小学生の生活支援を～」といった内容を盛り込んでおくのです（盛り込みすぎると冗長になるので端的に）。

光る人は共通して、このバランスが絶妙です。

# Part 6

# 「GD」本番！
# どんなメンバー・展開でも
# 対応できるコツ33

# 6-1 入室・着席のしかた
## ——よくあるNGは？

### 座る席は事前に決まっている

ＧＤの場合、いったん待合室に入って開始時刻まで待ち本番会場に移動するより、そのまま本番会場に通されるケースが多いです。

集団面接と違って入室順を気にする必要はありません。人事担当者（多くは若手社員）が付くので、指示に従えば大丈夫です。

指示がなく迷ったら、担当者に尋ねましょう。

入室時には、集団面接のような厳かな入室作法を踏まなくても、「失礼いたします」と会釈をする程度でかまいません。

ドアが閉まっていたら、3回ノックし「失礼いたします」とドアの外で言ってから入室します。これは集団面接での動作と同じです。

グループや席が事前に決まっているケースが大半です。

「自分のネームプレートのある席に座ってください」

「右のテーブルの奥から順に詰めて座ってください」

といった指示があります。

座る前に、既に席に着いている就活生達に、

「こんにちは」

「きょうは、よろしくお願いします」

くらいの軽い挨拶を済ませておきましょう。

## 着席は指示を待ってから

人事担当者の指示に従って着席する

特に置き場所が指定されなければ、カバン等の手荷物を**イスの左側に**置きます。

### 雑談はＮＧ

開始時刻までの間、**他の人との雑談は絶対ＮＧ**です。

話しかけてきたら、

「本番前だから、今はやめておきましょうね」

と、制しておきましょう。

# 6-2 議論に臨む姿勢

## 「しっかり聴いている姿勢」が大事

ＧＤでの姿勢は、面接の時のように背筋をピンと垂直に伸ばすのではなく、**やや前傾姿勢**をとるようにしましょう。議論に積極的に参加している姿をＰＲできますし、他の人の話も聴き取りやすくなります。

**手はテーブルの上に軽く**置きます。

メモ用紙が事前に用意されている場合もあります。

通常、筆記用具はテーブルの上に出しても問題ありませんので、議論が始まる前までに用意しておきます。

なお、肘をつく、ペンを回す、腕組みをする、足を組む、ふんぞり返るといった所作は、議論においては行儀が悪いのでやめておきましょう。

実際に議論が始まると、**発言しない時間の方がはるかに長い**ので、議論を「聴く姿勢」が大事になります。

・発言者の方を向いてしっかりと見る
・共感できる発言にうなずく

「確かに」
「なるほど」
「そうですね」
と口に出す

など、ちゃんと聴いていることを、身体全体

### 聴く時の姿勢に特に注意！

口に出す
確かに
やや
前傾姿勢で
手はテーブルの上に軽く置く
発言しない時間の方がはるかに
長いから「聴く姿勢」が重要！

で表現しましょう。

## 評価者に届く、大きな声で話す

こういった「聴く姿勢」を続けると、グループ全体が発言しやすい雰囲気になって、議論が活発になるという良い効果もあります。

議論に積極的に参加すべく「私も何か良いことを言わないと……」と、自身が発言することに意識が集中しがちですが、**「聴く姿勢」もしっかり見られています。**

特にGDの場合は、相手も学生なので、ついふだんの所作や態度が出てしまいがちです。

意識的に「しっかり聴く姿勢」をとる必要があります。

評価者の存在を極度に意識する必要はありませんが、自身の発言時には**声が評価者の耳に届くように、いつもよりも大きな声**で話すようにしましょう。

# 6-3 視線はどこに置く？

## 発言するときは、グループ全体を見る

ここは、①自身の発言時、②他の人の発言時、③誰も発言していない時の3つのパターンに分けて考えます。

まず、①自身の発言時。

しっかり顔を上げてグループ全体に話しかけるよう、俯瞰的、大局的な視点を持つのが基本になります。

**メモを見ながら、うつむき加減で話す人がいますがNGです。**

疑問点等を指摘してきた人に**反論する時も、その人だけを見つめるのではなく、全体を見渡して、皆から同意を**得られるようにしましょう。

ホワイトボード（ＷＢ）使用可の場合は、ＷＢ上で情報を共有しながら議論を進めるのがセオリーです。

この場合も、**ＷＢだけをずっと見ながら話すのではなく、ちゃんと他の人の方にも視線を向けて話す**ようにしましょう。

## 討論が始まったら「評価者を見る」は避ける

次に、②他の人が発言する時のポイントです。

まず**下を向かない**よう気をつけてください。

発言内容をしっかり聴き取るため、発言者の方を向いて注目するようにしましょう。

## これは避けよう!　やりがちな視線の置き方

メモとりに
夢中で
下ばかり見ている
反論対象だけを
見て話している
ホワイトボードだけ見て
話している

**メモのために下を向きっぱなしの人が多くいますが、議論に参加せず、自分の安全な世界に逃げ込んでいる印象を与えてしまいます。顔を上げましょう!**

③誰も発言していない時は、グループ全体を見渡し、他の人の動向を把握するようにしましょう。

3パターン共通の注意点として、**「評価者（人事担当者）を見ない」**があります。

議論に関係のない評価者を凝視するのは明らかにおかしいし、チラチラ見るのも「気にしている感」が伝わってしまいます。

議論中に視線はやらないようにしましょう。

# 6-4 声の「大きさ」「トーン」

## 大きな声&ゆっくりめ

まず声の大きさですが、グループ全体だけでなく、**評価者にも聴こえる大きさ**が必要になります。ふだんの１・２〜１・５倍の声量を出すようにしましょう。

シャイなのか話し慣れていないのか、**ずっとメモを見ながらうつむき加減で話す人がいます。**大きな声を出しても、メモやテーブルが障害となり声が通りません。堂々と顔を上げて、評価者を含めた全員に聞こえる声量で話すことが、もっとも重要になってきます。

また、他の人の意見に、「確かに、そういったこと、ありますよね」「それ、わかります」と、あいづちを打ったり、共感や同意を述べる時に大きな声を出すと、「自分だけ目立とうとする、スタンドプレー好きなのかな?」という印象を持たれます。ここはふだんレベルの声量で大丈夫です。

発言する時の声のトーンは、集団面接と同じく、「ドレミ」の**「ソ」の音が通りやすい**です。意識的にこのトーンで話してください。

焦りや緊張から滑舌が悪くなると、いくら大きな声&通りやすいトーンで話しても伝わりにくくなります。

事前に話す準備をしっかりしておき、本番では**「少しゆっくりめ」**で話すと、ちょうど良いでしょう。

# 6-5 身振り・手振りの良し悪しの分かれ目は？

## 「連動」がポイント

ＧＤは学生が相手の自由なディスカッションの場です。集団面接と違い、身振り・手振りに高度な技術は必要ないため、やってもかまいません。

とはいっても、身振り・手振りの本来の役割は**「効果的に情報を伝えること」**です。

オーバーアクションや、落ち着きのないしぐさでは、発言そのものの信ぴょう性を疑われます。

どんな身振り・手振りが効果的でしょう？

まず発言する時です。

**アイデアが3つに集約されたなら、**
**「大きく分けて3つアイデアが出ましたね」**
と、指を3本立てて見せながら話す。

自分で書いたメモを皆に見せながら、
**「私は、このように考えるのですが」**
と、話す。あるいは、
**「ちょっと、そっち行っていいですか？」**
と、事前に断った上で、席を立ちホワイトボードに向かい、書記が書いた箇所を指して話す。

このように、身振り・手振りと**話す内容をしっかり連動させる**ことがポイントです。

自分が発言していない時は、他の人の発言が共感できる内容なら大きくうなずくのもあり。納得いかない発言には、多少首を傾げるという自然な行為もありでしょう。

ホワイトボード上の書き間違いや「こっちにこう書いた方がいい」的な改善点を、指差す行為もありです。

## 6-6

# 「やってはいけない」所作

### 「いつもの癖」「スタンドプレー」大丈夫？

まず、「議論に集中していない」と見られる所作はNG。

ペンを回す、髪をいじる、貧乏ゆすり、足を組む、靴やパンプスの踵を浮かせてパタパタ動かす等は当然ダメです。

「全身の所作を見られている」と肝に銘じて、落ち着いて臨んでください。

集中していたとしても、「議論に積極的に参加していない」と見られる所作もNGです。**「メモとりに夢中で、ずっとうつむきっ放し」**が代表例。メモはほどほどにして、しっかり顔を上げて議論に参加する姿勢を見せてください。

他の学生の発言を真剣に聴こうとしていない所作もNG。**キョロキョロする、腕を組む、肘をつき手の上にあごを乗せる、イスの背もたれにもたれかかる**等が典型です。

評価者を過剰に意識した所作もNG。議論中なのに**評価者に話しかけたり目線で追う**等の行為がこれにあたります。

最後に、席を立つことについて。**起立して発言するとスタンドプレー感が出すぎるのでNG。**もちろん、ホワイトボードにそれぞれが意見を書き込むといった流れならOKです。

# 6-7 「進め方の説明」に全神経を集中！

## 「やらかし」の挽回はまずムリ

定刻になると、必ず人事担当者からＧＤの進め方の説明があります。**ルールは当然ながら全企業一律ではありません。集中すべき瞬間です。**

最初に、名札を付けるよう指示されたり、筆記用具と時計のみ等、テーブル上に出していいもの、ホワイトボードやノート等、議論中に使用して良いものが指定されたりと、議論に入る前の準備について説明されます。

次に、テーブル上に伏せて置いてある、ＧＤテーマや注意事項が書かれた用紙を表にするよう指示があります。

議論の制限時間、出題テーマの説明、グループで結論をまとめるのか、役割を決めていいのかといった進め方の詳細が伝えられます。

きちんと聴かなかったために、

・まだ指示がないのに用紙に触る
・チラチラめくる
・表にして読み始める
・許可を得ていない資料を机に出しっ放し

という人が毎年、けっこうな数います。

「役割は決めないように」と指示があったのに、いざ議論が始まったら、「まず司会を決めませんか？」と間抜けな発言をする人もいます。

**これらをやらかすと、悪い評価がつくのは必至。短時間のＧＤで逆転は至難の技です。**

ＧＤは最初が肝心。

人事担当者からの説明は、全神経を集中して聴き、内容を理解してください。

# 6-8 疑問点は必ず開始前に質問する

## ディスカッション開始後では手遅れ！

人事担当者からの説明が一通り終わると、いよいよ開始となりますが、その前に、「何か進め方について質問はありますか?」と聞かれ、質問できるタイミングがあります。

疑問点があれば遠慮せず聞きましょう。場慣れした人事担当者でも、つい伝え忘れることもあるし、**質問する行為は失礼でも何でもありません。**

あいまいなままで放置する方が明らかにNGで、後で評価に響くケースもあります。必ず事前に質問してください。

たとえば、テーブル近くにホワイトボードがあるのに、説明では触れられなかったとしたら、使って良いか質問しましょう。

**開始後に、「使ってもいいですか?」と質問するのはNG。**「本番中は一切問い合わせには答えない」と明言されるケースも珍しくない中、こういった質問はマイナス評価につながります。

**出題テーマについては触れない**ようにします。たとえば「良い会社とはどんな会社か」といった抽象的なテーマが出題された場合、「我々就活生から見てでしょうか？　世間一般的にでしょうか?」と、聞く等です。

評価者は、「視点決めも含めて自由に議論してほしい」と思っているので、こういった質問はナンセンスになります。やめましょう。

# 6-9 自己紹介からアクセル全開で！

## 大学名と氏名だけでＯＫ

ＧＤが開始したら、まずお互いに自己紹介をしましょう。通常は自然発生的に、

「まず、自己紹介しませんか？」

と、口火を切る学生がいますから、従えば大丈夫。もちろん自ら口火を切るのも有効です。

最近はプライバシー保護の問題もあり、あえて**個人情報を使わないようにしているケースも**あります。この場合は指示に従ってください。

メインは議論ですから、大学名と氏名で充分。時間がないので、**自己ＰＲやガクチカなどの一言も不要です**。

評価者にも聞こえる大きな声で、顔を上げ堂々と自己紹介してください。

最初からモゾモゾと聴き取りづらい自己紹介をされると、マイナス印象を抱いてしまいます。覆すのは非常に難しいので、**最初からアクセル全開**で臨んでください。

なお、自分の自己紹介で一杯いっぱいになってしまって、他の人の自己紹介を聞き流す人が毎年います。これはＮＧ。

「先ほどの松岡さんの意見ですが……」

と、議論中に名前を呼ばなければならないシーンで**名前が出てこないとマイナス印象**です。名札を付けて議論するケースばかりではありませんので、席次と名前をメモしておきましょう。

# 6-10 司会など役割に就いた方がいい？

## 「役割に就くと有利」は都市伝説

少人数でも役割を決めた方が進行しやすいので、議論を始める前に役割を決めましょう。

ＧＤの代表的な役割は以下です。

・司会（リーダー、ファシリテーター）
——議論をスムーズに進める
・書記——議事内容をホワイトボード等に記す
・タイムキーパー——議事進行の時間を計る
・発表者——まとまった結論を最後に発表する

毎年、**「役割に就いた方が有利」、「リーダーは得」等の説が出回りますが、都市伝説です。意識する必要はありません。**司会になれば評価されるからと買って出た人がうまく回せず盛り上がらず終了、というケースは数多くあります。

## 「役割に就いた人を尊重する」も評価対象

たとえば講義をノートにまとめるのが得意な人は、書記で実力を発揮できるはずです。つまり、評価の損得で無理に役割を担う必要はなく、自身の適性で判断すべきです。**自分に合わない役割を担って失敗するより、役割なしでも説得力のある発言を続ける方が効果的です。**

役割が決まったら、立場を尊重し支援してください。「司会が頼りないから乗っ取る」「タイムキーパーを無視して残り時間を伝える」等がよく見られますが、自分たちで決めたルールに従えない人と見られマイナス評価です。

# 6-11 「時間配分」での高評価な発言

## 5工程で考える

役割を決めたら、司会を中心に時間配分を決めましょう。グループの持ち時間が決まっているGDでは、**タイムスケジュールなしに議論をスタートさせると、まとまりません。**

①それぞれが考える
②それぞれの発表
③フリーディスカッション
④まとめ
⑤発表の準備

と、5工程に分けて考えてください。①は1分程度、②は全体の1割程度、③④に最も時間を割き、⑤は1分程度で十分。①②に時間をとりすぎ討論に時間が回せなくなるようではNG。

## 口火を切れなくても貢献できる

自身が口火を切るなら、

**「テーマについてそれぞれ○分考え、△分で発表する。その意見を◎分で討論し、まとめに◇分とっておき、発表の練習に▽分用意するという感じでどうでしょう？」**

とグループ全体に提案し同意を得てください。

自身が時間配分を提案できなかったら、上記目安を参考にして「**各自が考える時間ですが、○分は少し長いと思います。もう少し議論の時間に……**」と改善提案をするのもありです。

時間配分のバランスが悪いと、後で議論の時間が足りなくなる、まとまらない、といった悪影響が出ます。ここでしっかり決めてください。

# 6-12 議論の進め方を決める

## 高ポイントの「事前の一言」

発言順と意見集約の2つを、事前に決めておかないと、有意義なGDはできないと言っても過言ではありません。

まず「発言順」について。

皆受かりたいのでたくさん発言したい。なので**発言機会は極力公平**が望ましいです。

司会が各人の発言にいちいちコメントするシーンをよく見ますがマイナスです。発言回数に大きな偏りが出ているからです。避けるには、

- **順番に発言する**
- **発言したい人は挙手する**
- **司会が指名する**

というやり方があります。

一方、ブレインストーミング（ブレスト）といって、アイデアを多数出すことを目的とした進め方もあります。そのため完全に自由発言方式でも問題ありません。ただしその場合は、

**「発言順は特に決めず、自由でいきましょう」と、事前に**決めておきましょう。

次に「意見集約」のやり方です。

よく見るのが、終了時間が迫り安易に多数決に頼るケース。「意見が割れたら多数決」は民主的ですが、ギリギリで付け焼刃的にやるのと、最初に決めておくのでは印象が全く違います。

**「もし意見が割れたら、多数決で決めましょう」と、事前に提案しておきましょう。こういう建設的な提案は、高評価になります。**

# 6-13 最初に「ゴールを決める」と盛り上がる

## 「3つずつ出そう」で好印象に

与えられた時間は短いので、何となく漠然と議論をするのではなく、ゴールを設けると実りある議論になります。

たとえば、

**「大企業と中小企業、どちらが良いか」**というテーマが出題されました（金融）。ここで、

**「各自最低3つの選択理由を出しませんか？」**

と、数字で目標を決めるのです。何をすべきかが明確になり、活発な議論ができます。

討論後に結論を導き出すのも同様です。

たとえば、

**「世界で誇れる日本の食とは」**（コンサル）

**「生き残る企業の特徴とは」**（重工業）

というテーマが、過去に出題されました。

・複数の結論があっても良いか
・良い場合、いくつまでOKか
・思い切って一つに絞るのが良いか

によって、進め方が変わってくるはずです。

「まず討論してみないとわからない」でなく、時間が限られているからこそ、ゴールをどうするかを明確にしておくと効果的なのです。

後半に、

「とりあえず3案あってもいいんじゃない？」

ではなく、**最初にゴールを見すえて逆算して考える。**

**これはビジネスという、時間や諸条件に制約がある中で行う営みでも通じる思考法です。だからこの提案をすると、高評価になるのです。**

# 6-14 テーマを因数分解する

## 解釈が割れそうなワードを事前に確認！

GDでは、あいまいで抽象的なテーマが出題されることが多いため、議論が本格化する前に定義をしたり、認識を合わせる必要があります。

たとえば、

**「これからの食品業界の若手社員に求められる資質は何か」（食品メーカー）**

というテーマが、出題されました。

「食品業界」とは、この会社の業界なのか、生鮮食品加工や食品卸も含まれるのか。「若手社員」とは入社何年目まで？　「求められる」とは会社から？　お客様から？　社会から？

「資質」とは何のこと？

各々よって認識が違う場合があります。**議論が進んでから認識の違いが表面化しても遅い**ので、テーマを構成するワードを因数分解し、定義づけや認識合わせをしておきます。

**テーマが出題されたら、3回以上熟読します。人によってとらえ方が異なりそうなワードをピックアップ**し、事前に皆に確認します。

**「学校の教科を一つ増やすなら、どんな教科をつくるか」（教育）**

なら、小中高どれを指すのか、すべての学校共通の教科なのか等を確認します。

なお、「2つ以上はダメですよね？」とか、教育業界を受験するのに「教科って何？」はNG。

認識が分かれそうなものだけに絞って、皆に問いかけてください。

# 6-15 議論の内容を共有する

## ホワイトボードがダメならＡ４ノート

短時間で結論を出すには、皆で情報を共有しないと、議論が違う方向にブレたりしてうまく進みません。

最も効果的なのが**「見える化」**、つまり発言内容を書き出し、皆で見るようにすることです。有効なツールが、**ホワイトボード（ＷＢ）**です。たとえば、「大企業と中小企業、どちらが良いか」なら、それぞれの良い面、悪い面を表にして書き出すと、対立軸が明確になり一目瞭然です。

書記が勘違いして間違った内容を書き、他人に指摘されるシーンをよく見ます。これこそ情報共有の成果です。

一方、「ＷＢ使用可」なのに、**まったく使おうとしないグループがあります。これではＮＧ。「せっかくだから、ホワイトボードを使いましょう。書き出したものを皆で見て共有した方が議論しやすいので」**と、促してください。

ＷＢが使用不可でも、メモやノートを使えば情報共有はできます。**ノートにまとめた争点や論点を皆に見せれば良いのです**（Ａ４ノートとサインペンを持ち込むようにすすめているのは、このためです）。

情報共有のツールは、禁止されていない限り、最大限活用してください。

# 6-16 「数字」「事例」で説得力アップ！

## 「企業・業界研究」がココで効く！

事前に企業研究、業界研究や新聞、ニュースで仕入れておいた数字やデータ、事例を駆使すれば、間違いなく発言の説得力がアップします。

たとえば、

**「都心のマンションと、郊外の庭付き一戸建てのどちらかよいか」（不動産）**

というテーマが、過去に出題されました。

不動産業界とは直接関係のない「狩猟民族をベジタリアンにする方法を考えよ」みたいなテーマなら、事前のこうした研究は役立ちませんが、マンションや一戸建てに関する情報は、不動産業界を受験する以上、当然知っておかなければならない情報です。

・マンションや一戸建ての価格トレンド
・土地価格の推移
・今後の需要予測
・購入予定者の志向

などは、普通に業界研究や企業研究をしていれば、自然と目に入ってくるはずです。

## 定量的に事例を用いて話す

きちんと頭に入っていれば、

**「利便性と資産価値の観点から、都心のマンションが良いと思います。**

**２０４０年には地方自治体の半数が消滅し、**

## 同じ内容の意見でも印象はここまで違う

言っていることは似ていても説得力には大差がある

**不動産価格が壊滅すると予想されています。**

**また将来的には皆、高齢者になるわけですが、庭付き戸建てだと広すぎて、使い勝手が悪いです。**

**一方、バリアフリーが完備され、買い物の利便性が高く、そう広くない30～70㎡のマンションが東京では売れているというデータもあります」**

と、定量的に事例を用いて話すことができます。

多くが、

「テレワークで郊外に住むのもありだと思うけど、なにかと不便だよね。やっぱり都心のマンションなら買い物とか病院とか、いろいろ便利だよね」

といったアバウトな話をする中で、**数的根拠や事例に基づいた話は説得力があり、際立つこと間違いなしです。**

# 6-17

# 「協調性」が伝わる話し方①

## 全員に関係する話は「提案型」が好印象

「ええっ⁈　議論するのに、ホワイトボードを使うのは基本じゃないんですか？」
等、
「お前ら、全然わかってないな」
と、見下した感じで話す人が実際にいます。

正しくても伝え方を間違えて皆から反感を買ったり萎縮させてしまったら、マイナス評価になります。

自身の意見、アイデアを発表する時は、賛否や人の目を意識せず堂々とやれば良いです。

しかし、グループ全員に関係することは、

**「〜しませんか？」**
**「〜はどうですか？」**

と、皆に問いかけるような、提案する形で話すようにしましょう。

**「せっかくだから、ホワイトボード、使いませんか？」**
**「議論に入る前に、役割を決めませんか？」**

といった具合です。

## 「提案型」で協調性を重んじる姿勢をＰＲ

これは、意見が割れた膠着状態を打破する際にも有効です。

## 一方的ではなく提案型で皆に投げかけよう!

ボードを使って話さないと
伝わらないんじゃないですか?
せっかくだから、ボードを使って
情報共有しながら話しませんか?
同じ内容でも、伝え方によって
評価に影響が出ます

たとえば、

**「コストの観点で見ると、A案がB案より優れていると思いますが、B案に賛成の方々はどう思われますか?」**

といった具合です。

皆を唸《うな》らせる**独創的なアイデアを出せなくても、閉塞感を打ち破り、次につながるこのような発言ができれば、必ず評価されます。**

GDでは、周りをうまく巻き込みながら合意形成するプロセスも非常に大事。もちろん評価対象です。

こういった**「提案型」での投げかけなら角も立たないし、否定されてもダメージは少ない。協調性、チームワークを重んじる姿勢もPRできる。**

おすすめです。

# 6-18

# 「協調性」が伝わる話し方②

## 議論を活発にする「振り」

議論が円滑に進むように、細かいところまで気を使うことができれば、間違いなく高評価です。

たとえば「……と考えます」と発言した後、

**「杉山さんは、この意見をどう思います？」**

**「私の意見、先ほどの河合さんの内容と似ている部分があると思いませんか？」**

と、発言が少ない人に振り、議論に巻き込んでいくのが代表例です。

**発言を後押ししたり、引き出すのもありです。**

引っ込み思案な人が、蚊の鳴くような小さな声で意見を言ったとします。

**「南さんの意見、〇〇ってことですよね？」**

と、まず確認し、

**「私も同じ経験があるので共感できます」**

と、共感を述べるなどして後押しする。

発言の順番になったのに、言葉が出てこない人もいます。その時、

**「吉岡さんなら、ＡＢどっちを選びますか？」**

と、きっかけをつくってあげたりするのです。

**この程度で司会の役割を奪ったことにはならないので、安心してください。**

こうした配慮ができれば、メンバーの議論への参加意識は高まり、協調性、チームワークを重んじる姿勢も評価されること必至です。

# 6-19 賛成、同意をしっかり伝える

## 「落としどころ」を探れると光る

他の人の意見やアイデアに**賛成、同意できるシーンで、無表情だったり、微動だにしないのはもったいないです。**積極的に賛同を態度と言葉で表現しましょう。

賛同できる発言には**「発言者の方を向いて、適宜しっかりうなずく」**が基本動作です。

**「その意見に賛成です」**
**「いいですね」**
**「それ、わかります」**

と、ちゃんと口に出して伝えましょう。

ただし、発言を乗っ取るような過剰な行為は、当然ながら逆効果。「それわかります。私もこれこれこういった経験があって〜」と、自分の話に持っていくのはNGです。

議論を進めるうちに、推進派、慎重派の二手に分かれたとします。

この場合、**逆の立場の人の意見は何でもかんでも反対するのではなく、納得がいく発言なら、こういった言動で落としどころを探る姿勢を見せることも大事です。**

態度と言葉で賛同を示せば、皆が意見を言いやすくなるし、結果として議論が活性化します。

こういう雰囲気をつくれる人は、きちんと評価されます。

実際、人前で発言するのが得意でない人でも、これらの所作を通じて場を良くし、高く評価されるケースはたくさんあります。

6-20

# 「反論」で評価されるコツ

## 「相手と違う点」をクリアにすると生産的

反論する場合、節度をもった正しいやり方が必要です。

まず、意見や考え方がまったく違っても、頭ごなしに否定しない。「それは全然違うだろ！」等と言葉遣いの荒さが加わると、感情的になってヒートアップする危険性もあります。

意見や考え方が違っても、まず、

**「確かに～ですが、しかし～」**

**「仰っていることはわかります。ただ～」**

と、相手をしっかり受け止めてから、言葉遣いも含めて丁寧に反論することが大切です。

自分の意見を一方的に展開するのではなく、相違点を明確にして反論すると効果的です。

「終身雇用制の是非」というテーマなら、

**「社員が安心して働ける制度が大事という点は賛成ですが、終身雇用制でしか実現できないというのはどうかと考えます。むしろ私は～」**

といった感じです。争点が明確になり、議論が前に進んで行きます。

なお、賛成派がほとんどで反対意見を言い難い雰囲気もあるでしょう。

ただ、ＧＤは、グループとしては賛成意見でまとまったとしても、反対派は全員落選というルールではありません。

むしろ、**アウェーな状況下で、堂々と反論できれば、いい意味で目立ち、高評価を得るはずです。**数に圧倒されず、堂々と反論してください。

# 6-21 オリジナルの意見が出てこない時は？

## 他のアイデアに乗っかるのが効果的

「当社の新規事業や新規サービスを考えなさい」といったテーマが出題されたとします。

独自アイデアが思いつかない場合、アイデア勝負では勝ち目がないので、他の優れたアイデアに乗っかるやり方をおすすめします。

たとえば、空き家を安価で貸す新規サービスを誰かが提案したら、賛同後に、

**「今、都心部でも空き家問題が深刻です。空き家があると治安や衛生面が悪くなり住人が減少するという負の連鎖に陥るそうです。**

**今、私は一人暮らしで経済的に苦労していますが、こうしたサービスで都心に安く住めるのはありがたい。若者を中心に需要はあると思います」**

と、理由を述べるやり方です。

まず、他の人が良いアイデアを出したら、賛同する旨を伝えます。

その後、**発案者が触れなかった話、推奨理由、事例等を補足、補完する**わけです。

アイデアに**改良を加える**応用編もあります。

たとえば、単に空き家を貸すのではなく、リノベーションしてシェアハウスにし、借り手、住民を増やすやり方を提案する等。

**独自のアイデアが出なくても、他のアイデアを推し進めるやり方で議論を盛り上げていけば、高評価を得られます。**

# 6-22 先に言われてしまったら？

## 沈黙せず、「プラスする」だけでいい

言いたいことを先に言われてしまい、パニクッて沈黙してしまう人がいます。

ここで黙ったら評価されません。「言いたいことにプラスアルファする」を目指してください。

たとえば、

**「基本的に先ほどの鈴木さんと同意見ですが」**

と、まず同調しておきます。その次に、

**「これに加えて～という見方もあると思います」**

**「この中でも△△が最も重要と考えています」**

**「これより●●の優先順位が高いと考えます」**

と、自分なりの切り口から意見を言うのです。

言いたいことは一緒でも、視点を変えたり、優先順位を整理したり、背景や理由、エピソードを添えたりして、自分なりの付加価値を加えるようにします。

良い意見やアイデアであっても、裏付けやエピソードが淡泊なら納得感は薄いのです。

そこを丁寧に説明したり、情報を追加するかたちで自分をＰＲするのです。

**自分が言いたいことなのだから、こういった「プラスアルファ」のネタは絶対に持っているはずで、それを堂々と発表すればいいのです。**

ＧＤでは発言機会は限定されていないので、**多少強引に割り込んででも、先に言われてしまった直後にこれらを話すようにしましょう。**

# 6-23 発言者に偏りがある時は？

## 傍観せずに正す

受かりたいがために、たくさん話してＰＲしようとする人がいる一方、人前で話すのが苦手でずっと黙っている人もいます。

こうした発言者の偏りは、本来は司会役がコントロールすべきですが、司会も極度に緊張していて気が回らないことも多いです。

この場合、**自身が周りに配慮できることをアピールするチャンス！**ととらえてください。

たとえば、

**「あまり話せていない方々の話も、しっかり聴いた上で議論を進めたいと思いますが、いかがですか？」**

と、グループ全体に問いかけるのです。

**誰も否定しようがないから採用される可能性大。「俯瞰力」「気配り力」をＰＲできます。**

自分の発言時に、

**「～という私の考えですが、桑名さんや北原さんはどう思いますか？」**

等、発言の少ない人に積極的に話を振るのも非常に有効です。

自分の独創的な意見やアイデアを披露し、採用されるように反対派を論破すれば高評価と考える人がいます。一理ありますが、身勝手さが目立つと逆効果になる場合もあります。

逆に、このような**協調性が感じられる発言の方が取り組みやすいし、外す危険性も乏しい**です。ぜひ活用してください。

# 6-24 孤立してしまったら？ 譲歩時の「折れ方」

## 「孤立＝不採用」ではない

フルリモート勤務を推進する会社が「フルリモート勤務の是非」を出題したとします。反対意見を貫くと、きっと孤立するでしょう。しかしGDは、「孤立＝不採用直結」ではありません。大勢を相手に堂々とした言動ができれば、むしろ評価されること必至です。たとえば、

**「コロナ禍が収束後、あのZOOMも週2回は出勤するよう指示されています。これは社員達が同じ空間で働くことの大切さを証明する事案で〜、こういった点から私はフルには賛同できかねます」**

と、理路整然と展開するのです。

議論の中で、自分の意見に**固執しすぎて意固地になり、自ら孤立を招くケースも毎年見ます。そのまま突っ走るとクラッシャー扱いされます。**冷静に客観的に見て「浮いている」と感じたら、歩み寄ることも大切です。

とはいえ安易に「そっちがいいですね」はNG。

**「〜という考えでしたが、指摘された点をいま考えてみたら、確かにその考えもあるなと思えてきました」**

と、同調を示しつつ、

**「ただ、これには私が指摘した問題があるので、ここは懸念されます」**

と、一言返しておく。

**折れるなら、無条件降伏ではなく、何かしらの要望や条件、指摘を織り込んで対応する**ということです。

# 6-25 議論がヒートアップしたら？

ヒートアップすると収拾がつかず、後味の悪いまま時間切れで終了ということも。となると**グループごと全員落選もありえます。**

ではどうすればいいか？

原因を分析してから落としどころを探り、解決に導く働きかけをします。たとえば、賛否が割れて双方が主張を譲らないことが原因の場合、

**「お互いの言い分はわかりますが、私たちは今日、時間内に結論を出さないといけません。今からは双方の妥協点を見つけることに集中しませんか？」**

メンバーとしてちゃんと議論に参加しつつ、一歩引いてグループ全体を俯瞰している。しかも円満に議論を進めようとする働きかけができる。高評価は間違いありません。

## 「この人と働きたい」と思われる働きかけ

白熱した議論は良いのですが、皆が感情的になって言い争うような口論になるのは当然ＮＧ。巻き込まれそうになっても絶対に参戦せず、冷静に対処する。これが最大の肝です。

まず当人たちに気づかせ、クールダウンさせる必要があります。ただし、「安藤さんのその言い方はないよね」と、個別に非難すると、さらに問題を悪化させる危険性があるので、全体に語りかけるのがポイントです。たとえば以下。

「感情論は無しで進めましょう」

「意見が対立しても感情的にならず尊重し合い、言葉遣いには気をつけませんか？」

## 6-26

# 「盛り上がらない……」は、むしろチャンス

### 「お、やるな」と思われる「視点チェンジ提案」

議論が低調のまま終わると、「全員落選」もありえます。活発になる提案をしましょう。

「社員のモチベーションを上げるには？」というテーマが課されたら、通常は額面通り向上策を考えるはず。しかし正攻法で議論が膠着したなら、別のやり方を提案する。たとえば、

**「いったん、あえて逆の、モチベーションが下がる原因を考えてみませんか？　その逆が向上につながるかもしれないので」**

と、逆の視点から考えることを提案します。

視点を変える提案は、光ります。

**議論を進めるきっかけになれば良いわけで、その後の展開を気にせず気楽に言えるのがキモ。そのわりに評価者へのアピール度は絶大です。**

彼らは毎日、同じお題での多数のＧＤを見ていますから、このような斬新な発想、展開ができれば、注目すること必至です。

なお、発言が苦手な人ばかりのグループで自分だけ長々と話すと、「スタンドプレー好きの人間」と映る危険性があります。そのため、

**「皆さんはどう思いますか？」**

と振ったり、他の人の発言に、

**「それ、良いですね！」**

と持ち上げたり、

**「それ、もう少し詳しく教えてください」**

と、引き出すなどして皆を巻き込みながら、少しでも議論を盛り上げるようにしてください。

# 6-27 「クラッシャー出現！」がチャンスに変わる一言

## 1対1は避け、「みんな迷惑してる」を伝える

クラッシャー行為を抑制できないと、理不尽なことですが、**「全員落選」がありえます。**これがGDの現実です。対応が必要です。

といっても、時間内に自覚・悔悛させるのは無理。焦点を**「周りと結託して暴走させない」**に当てましょう。これが最善策です。

クラッシャー行為があったら、まず周りを見渡します。同じ想いを持つ人が必ずいます。表情、所作を見れば、あるいはアイコンタクトで確認できます。他の人の話を遮るなら、

**「倉下さん、まだ山岡さんの話の途中です。最後まで聞きましょう」**

と諭し、**「ですよね？」**と周りに目線を配る。他人の意見に批判ばかりするなら、

**「では、倉下さんはどういう考えですか？」**

と、当人に振ります。

自分の主張を繰り返すなら、

**「いまA案と、倉下さんが度々情熱的に推すB案があります。皆さんはどう思いますか？」**

と、他と比較する形で全員に投げかけます。

自分ではなく他の人がクラッシャー行為を注意したら、「我関せず」はNG。

**「私も、そう思います」「私も、賛成です」**

と、しっかりバックアップします。

1対1で対峙すると、悪化しかねません。なにせ相手はクラッシャーですから。周りを巻き込みながら連携して対処することが肝要です。

## 6-28 ほとんど発言できず終盤が近づいたら？

### 最後に「まとめを発表」で挽回を！

参加者のレベルが高かったり、テーマに関する知識がなくて、議論にほぼ参加できないまま終盤になってしまった……焦りますね。

ここは挽回策として**「発表役」**を担いましょう。GDでは「まとめ」を発表する形式が多いです。この役割を狙います。

最後の最後で堂々とプレゼンできれば、最高に目立つのは間違いありません。

ただ、他の立候補者と競合したら、

**「議論中はあまり話せなかったので、発表で、グループにぜひ貢献させてください！」**

と、**ビハインドを逆手にとってでも、絶対にこの役を獲得するのです。**正念場です。

発表を難しく考える人がいますが、心配はいりません。なぜなら、評価者は議論のプロセスを全部見て知っているわけですから、**「理解してもらう」ことは意識しなくて良いのです。**

それよりも、**「所作」**に重きを置きましょう。

**・メモやホワイトボードを見ながらはNG。**

**・評価者の方をしっかり向いて、全体を見渡すよう視線を高く持ち、なるべく大きな声で。**

話し方は、

**「我々のグループは、〇〇という結論に至りました」**

と結論から話し、理由や他に出た意見を紹介。最後に、**「以上のことから～」**と、結論を繰り返してビシッと締める。見事、挽回完了です。

# 6-29 便意が限界／スマホが鳴った……！

## 「……トイレ！」の対処法

生理現象とはいえ、こうした窮地に陥らないよう、事前にトイレを済ませておく、ふだんから体調を整えておくことが大切です。

我慢できるなら我慢しましょう。**脂汗タラタラなら速やかに中座**をすすめます。我慢しすぎて大失態となったらトラウマになり今後ＧＤに臨めなくなりかねません。

実は**「本番中にトイレに駆け込む」は、珍しい話ではありません。そっと評価者に告げて、さっと行って戻り、議論に復帰しましょう。**

言うまでもないことですが、ＧＤのような極めて大事な場面でスマホの電源を切っておくのは常識中の常識、ふだんから習慣化しておくべきです。

開始前に電源を切るよう指示される場合があります。**オフにしたと思っていても、念のため必ずチェック**してください。オフにしても鳴る**アラームを解除**しておくのも必須です。

万が一鳴らしてしまったら、「すみません」と言ってすぐに電源を切り、「失礼いたしました」と詫びましょう。**一連の動作をささっと済ませれば、あまり目立たず不問になる可能性があります。**

いずれにせよ、議論以外のところで「×」をもらうのは、非常にもったいない。そうならないように事前準備を徹底してください。

ふだんからの習慣づけが、ものを言います。

6-30

# 終わった後の「よく見る3大NG」

## これをやると、すべてが台無し

気が張った状態で議論に集中していた反動で、終わった後に気を抜いてしまう人は多いです。

しかし、この所作も厳しく見られています。

よくいるのが、グループの人と「あそこはああだった」といった雑談を始める人。仲良くなったのは良いことですが、まだすべてが終わったわけではありません。

**このような雑談は非常に印象が悪いので、絶対にNG**です。

人事担当者のフィードバックや片付けの指示、今後の選考の流れの説明等をちゃんと聞いていないケースも、よく見ます。

**担当者が話しているのに、ペンをカバンに入れる等の片付けを始めるのは大失点。**議論に力を尽くしても台無しになります。最後の最後まで気を抜かず集中してください。

気づいたら、書記でなくてもホワイトボードの字をきれいに消しておきましょう。

**テーブルを汚す学生が結構多いですが、当然きれいにすべきです。**散らばった消しカスや折れたシャープペンの芯は放置せず、集めてティッシュに包み、持ち帰りましょう。

あとは、担当者の指示に迅速かつ正確に従ってください。

名札やテーマが記載された用紙を返却するよう指示があれば忘れないように。外部に漏れるのを嫌がる企業も多いので、**うっかり持ち帰るとペナルティ**になる危険性があります。

# 6-31 「退室時、担当者に話しかける」はNG？

## 迅速に行動し、さっさと建物を出る

人事担当者から、「これでGDを終わります。お疲れ様でした」と告げられ、退室する流れになります。

まず、忘れ物がないか必ずチェック。**毎年、筆記用具やマフラー等、必ず忘れ物がありますが、間抜けな印象**を与えてしまいます。**テーブルの下**も含め、確認してから動きましょう。

イスが乱れた状態で帰るのは印象が良くないので、戻しておきます。

退室順は特に気にせず、自然な流れに任せます。人事担当者には必ず、

**「本日は、ありがとうございました」**

と、挨拶をします。お辞儀は、他の人もいるので、会釈（15度）で軽く済ませる程度でOK。

部屋を出る際には、集団面接時と同じく、室内の方に振り返り、

**「失礼いたします」**

と大きな声で言い、45度のお辞儀をして退室します。通常は室内に人事担当者が残るので、最後でもドアの操作をする必要はありません。

最後の方まで室内に残り、**人事担当者に話しかけて親しい関係をつくろうとする人を毎年必ず見ますが、好ましくないと考える企業が多い**です。控えておきましょう。

部屋を出たら、トイレを借りたりロビーでスマホをいじって建物内に留まらず、さっさと会場を離れましょう。

# 6-32 帰り道、グループのメンバーに声をかけても良い？

## 今後の就活に有益

集団面接は互いに会話をするわけではないので、そうでもないのですが、ＧＤはグループで会話するため、他の就活生と仲良くなるケースがあります。

同じ企業や業界を目指す他の大学の就活仲間ができることは、就活上、非常に有益です。そのきっかけをつくる「声かけ」は大いにおすすめします。

**「もしこのあと時間があるなら、どこかで少し話しませんか？」**

**「せっかく知り合ったから、一緒に駅まで帰りませんか？」**

という感じで話せば良いでしょう。

ただ、これはあくまで任意で、手当たりしだい声をかけたり、拒む人にしつこく食い下がる等、節操のないナンパめいたものは絶対ＮＧです。

声をかける場合は、人事担当者やその企業の社員に見られないような、選考会場から少し離れたところでしましょう。**会場内のロビーで就活生同士が雑談している様子を見られると、良い印象を持たれないからです。**

就活生同士で話しながら駅まで帰るケースはよくあります。これ自体は特段問題がある行為ではありませんが、**「選考内容を大声で話す」といった守秘義務が懸念される行為や、「横一列で歩いて通行の邪魔になる」等は、見られたら不採用に直結しかねません。**節度を守ってください。

# 6-33 会場を出たら、カフェでハガキを書き投函する

## 人事に与えるインパクト

志望度が高い企業なら、選考の手間への感謝の気持ちを記した礼状（ハガキ）やお礼メールを送るのは、有効です。

採用の世界では、ハガキ一枚で評価が覆ることはありません。ただし、人事担当者も人の子です。感謝の気持ちを受け取って嫌な人はいないでしょう。同じ評価の学生が複数いれば、印象面で差がつく可能性はあります。

実際、内定後に**「あのハガキをくれた○○さんだよね？」**と、**人事担当者に言われた人もいます。**インパクトのある行為なのです。

ただ、そういった行為を**禁じている企業も**あるので注意してください。良かれと思っても禁止されている行為をするのは、当然ＮＧです。

お礼の伝え方は主に３つ。どれも悪くないのですが、封書だと厳格すぎる、メールだとテンプレ感たっぷりになってしまうので、ハガキを推奨します。

「開封率」１００％のハガキは、小さいため、**人事部内で回覧してもらえる**可能性も見過ごせません。

出すなら早い方が良いので、会場を出たら、**会場から少し離れたカフェに入って書いて、駅に入る前に投函**しましょう。そうすれば多くの場合、翌日には到着します。

このように、後悔しないよう、やれることはすべてやっておきましょう。

Column 5

# 筆者が見た、多くの人が平常心を失う要因

集団面接・GDでガチガチに緊張して平常心を失い、本来の力を発揮できず撃沈するケースはよくあります。

なぜでしょう？

## 「すごい人」がいても堂々と！

最大の要因は、他の人の発言の影響をモロに受けてしまうことです。

たとえばガクチカを質問されて、最初の人が「体育会所属で、全国大会レベルのチームを率いる主将だった」件を話したとしましょう。

次の学生も、「ボランティア活動で表彰を受けた」という話をした。そうなると、

「そんな輝かしい実績を持たない自分が、そもそもここにいるのは場違いではないか？」

「この流れで、私のショボい話をすべき？」

と、パニクってしまうわけです。

## 「内面を聞かれる恥ずかしさ」に負けるな

もう一つの要因は、集団での発表を苦手としている人が多く、面接官だけでなく他の人にも自分の赤裸々な話を聞かれてしまうことに戸惑ってしまうことです。

他の人のすごい話を聞かされようが、自分の恥ずかしい話を他の人に聞かれようが、要はこの集団面接の選考を突破するのが目的です。

ここは、**「彼も人なり、我も人なり」の精神で、周りに流されず、既述のような準備を徹底した上で、それを堂々と披露すれば良いのです。**

# Part 7

# 面接官が本音でコーチ！
# 「GD」
# OK／NG回答例11

# 7-1 「10年後の当業界について論じてください」

## プラス思考でまとめよう

このようなテーマの場合、

「○○総研によると、この業界は２０３０年をピークに年々減少の一途を辿っている。10年後は今よりも下がっていることが予想される」

といった、業界研究で得た知識を披露する人を軸に議論が展開していくことになるでしょう。

この手の知識を誰も持たないグループになった場合、何の根拠にも基づかない不毛な討論が繰り返される可能性が高いです。

いずれにせよ、未来を論じるテーマに正解はないし、知識の披露合戦が求められているわけでもありません。

たとえば、「どのように取り組めば業界が好転するか」という点に話題をシフトしながら、**プラス思考でまとめるという流れ**を目指してください。

## 業界研究に自信がない時は

業界研究をしっかりした人は、他の学生と差をつけるチャンスです。他よりも**先んじて、業界展望を披露しましょう。**

ただし、

「10年後は非常に厳しいと予想される」

といった、評論家的な発言で終わるのは当然NGです。

さらに踏み込んで、

**「国内では企業が多すぎ、足の引っ張り合いになっている。○○業界のようにM&A等で企業**

**統合して世界で勝てる日の丸連合体をつくれば良くなる」**

といった、業界が良くなる策を考えて発表しましょう。

なお、業界研究をしていなかった場合、日本の人口減少問題、中国の経済成長率、新興国の経済展望といった、就活で押さえておくべき**基礎知識やニュースを駆使して議論に参加しましょう。**

## OK!

**「オックスフォード大学と野村総研の共同研究によると、20年後には日本の労働人口の約49％の仕事が、ＡＩに代替可能と発表されています。この点から見ると、金融業界もかなりの打撃を受けるのは必至だと思います。**

**すでにスマホで振込が完了するなど、フィンテックの波が我々の生活に浸透しています。とはいっても、機械ではなく人に相談したい、アドバイスをもらいたいという需要はなくならないでしょう。**

**その意味で、ＡＩをうまく活用しながら、本来、人がやるべきコンサルティング分野に注力していくことが、10年後に当業界で生き残る道だと考えます」**

## NG! これを言ってはいけない

その企業の業界だから**「見通しは明るい」と言わなければならないわけではありません。**

思いつきレベルではなく、可能な限り**定量的で具体的な事例**を用いて説明してください。

なお当然ですが、

「先のことはわからないけれども、入社したら俺達が業界を明るくするんだ！」

といった気合い、根性一辺倒もＮＧです。

# 7-2

# 「当社の新商品を考えてください」

## 「何でもアリ」ではない

どんなアイデアでも良いわけではなく、**会社に合ったもの**を考える必要があります。

たとえば化粧品メーカーなら、

・化粧品という主商品の枠の中で、今のラインナップにはないシニア向け商品
・他社が先行販売しヒット中の商品に、この会社ならではの付加価値を持たせた商品を考える

といった流れが想定できます。

某フィルムメーカーが化粧品をつくったり、エレクトロニクス企業が電気自動車分野に進出したように、最新の技術開発の情報を得ている人が複数いるなら、

「この技術を活かして化粧品の枠を超えた革新的な商品をつくろう」

と、ユニークな議論に展開するケースもありえます。

## グループ全体から賛成されるアイデアを

業界研究や企業研究を充分に行っていたとしても、即興で独創的なアイデアを生み出すのは、かなり難しいです。周りが興味や理解を示してくれない場合もあります。**グループ全体から賛同を得られるアイデアを**目指しましょう。

自分のアイデアに自信があっても、**主流派でなければ固執せず他に乗っかったり融合させる方向に**切り替えてください。

たとえば、

**「今ヒットしている美白化粧品の男性版をつくるのは良いと思います」**

と、主流派に賛同した後に、

**「これで行くなら、私はバブル世代のアラ還《かん》向けに絞ることを提案します。その理由として、この世代はファッションに敏感な～」**

と、展開します。オリジナルのアイデア勝負だとかなり厳しいですが、このような**「プラスアルファ」**ならやりやすいはず。

**OK!**

**「人口減に伴い、国内需要も減少するのは明らかですから、海外に目を向けるべきと考えます。特に東南アジアの経済発展は著しく、中間層も増加の一途です。**

**富裕層向けに展開している企業も一部ありますが、今こそこうしたマスをターゲットにした低価格商品を創出すべき時期でしょう。**

**欧米と比べて地理的に有利ですし、肌も西洋人と違って我々と近い。国内でも普及しつつある韓国コスメの存在は脅威ですが、ここはメイド・イン・ジャパン、メイド・バイ・ジャパンを武器に、拡販していきましょう」**

**NG!**

## 文化、風土を無視しない

目立とうとするあまり、その企業の業界や文化、風土などを無視するのはNG。

たとえば化粧品メーカーなのに新しい住宅を開発するみたいな奇想天外すぎる話をするのは、よほどの説得力がない限り、周りから共感を得られず撃沈でしょう。

また、当てずっぽうで「国内需要はますます増えるから～」だと、他の人から「その根拠は？」と聞かれたら、説明できません。

**独創的なアイデアが出てこなかったら、他の妙案に乗っかる**やり方をおすすめします。

# 7-3 「好きなテーマでディスカッションしてください」

## テーマ決めに時間をとりすぎない

まずテーマ決めでは、口火を切ったり、他の人に堂々と意見する等、臆せず話せる人が主導権をとって進めていく流れになります。

テーマは何でもありですが、全員に共通するもの、話しやすいものが選ばれるのが一般的。

最近、日本人が世界レベルの戦績を残したら、「世界で活躍する日本人選手の特徴とは？」といった時事ネタを元に決めるケースが挙げられます。議論は、急に決めたテーマなので、皆に深い知識がないことが多く、雑談のようなゆるい感じで進むケースが多いです。

なお、**テーマ決めに時間を食い、議論を尽くせずタイムオーバーというケースもよくあります。**時間配分には充分に気をつけてください。

## テーマ決めにはゼッタイ絡む！

テーマ決めは非常に重要。しっかり絡みましょう。自由な発想が認められるシーンですから、意見、アイデアは積極的に提案すべきです。**何も言えないと評価されず、挽回は至難の業です。**

自分の意見にこだわりすぎるのはＮＧ。周りと折り合いをつけることを忘れてはいけません。

固執する学生がいたら、

**「テーマ決めに時間を取りすぎると肝心の議論が進まないし、支持する人も多いようなので、いったんこれで議論しませんか？」**

と、諭してください。

いざ議論に進むと、テーマに関する情報、知識がある人とそうでない人の格差は大きく、**二極化**する傾向にあります。だからこそ、最初のテーマ決めが肝心。できるだけ自分の**有利なテーマになるよう絡んでおく**必要があるのです。

**OK!**

①テーマ決め

**「ここにいる皆に、できるだけ共通する話題が良いと思います。**

**先日、メジャーリーグで巨額の契約をした選手のニュースは、皆さんご存じですよね？**

**『世界で活躍する日本人選手の特徴とは？』というテーマでいかがでしょうか？」**

②自分の意見を発表する時

**「私が考える特徴としては、皆、自分をしっかり持っている、ということです。外野のノイズに左右されず信念を貫いている印象があります。二刀流なんて無理と散々叩かれた大谷翔平選手ですが、そういった声には耳を貸さず結果を積み上げることで批判者を黙らせました。**

**海外で活躍するサッカー選手の多くも、きちんと自己主張をしています。やはりブレないことが特徴ではないでしょうか？」**

**NG!**

## 「～さんと同じ」はダメ

テーマ決めの時には、自分の提案に**固執しすぎない**ことです。

却下されたとしても切り替えて、議論で自分の意見を展開してください。

意見を発表する時も、他とかぶったとしても堂々と話してください。

**「先ほどの山田さんと同じです」で終わるのは絶対ダメです。**

## 7-4
# 「大企業と中小企業、どちらが良いか？」

### 固執しすぎはマイナス

2択ですので、どちらが良いかを各々が発表し、最終的にはグループとしての総意をまとめるパターンが多いです。

まず、どちらを選択するか。正解のない話なので、基本的にどちらでも良いのですが、その**企業の規模に沿うのが無難**です。

たとえば中小企業なら「中小企業が良い」、大企業なら「大企業が良い」ということです。

ただし手放しで一方を絶賛するのは稚拙です。双方の良し悪しを比較した上で、こちらが良いとの総合判断をしてください。

最後、グループの意見を取りまとめる際には、たとえ自分の意見と反対でまとまりそうでも、自分の意見に固執しすぎないことです。

**一人のせいで意見集約ができないと、協調性が乏しいとみなされます。**

**「なるほど。そういった面から見ると、確かに中小企業は優れていますね」**

と、共感、賛同する姿勢も大事です。

### 事前に「定義を」で高評価！

ＧＤ共通で言えることですが、**本格的な議論の前に定義づけ**を明確にしておかないと、論点がずれてしまいます。たとえばここでの大企業と中小企業の違いは何でしょう？　資本金の額や従業員数でしょうか？

中小企業基本法の定義は皆知らないでしょうから、自分たちで定義づけするしかありません。

また「良いか？」も同じです。何をもって良いとするのか？　稼ぐ力なのか、働きやすさなのか、その定義によって、全然違ってきます。

こういった曖昧ワードが混ざっているテーマについては、他に先んじて

**「まず、定義づけをしましょう」**

と、切り出してください。これだけで**高評価必至**です。

**OK!**

■定義づけ提案の時

**「議論に入る前に、定義づけしておきませんか？　大企業と中小企業の線引きがわからないので。『良い』も、どの観点から良いかを決めておくべきだと思います」**

■自分の意見を発表する時

**「企業として生き残れる方を良しとするなら、私は中小企業が良いと思っています。大企業は知名度や人材の豊富さ、資金力等で経営の安定性は優れるかもしれませんが、『大企業病』と揶揄されるように、硬直した組織でイノベーションが起きにくいという問題もあります。中小企業は規模が小さい分だけ柔軟性や臨機応変さがあり、ＶＵＣＡと言われる現代だからこそ、変化に対応できると考えるからです」**

**NG!**

## 定義を無視しない

ありがちなのですが、ここで「何でも大きい方が良いに決まっている」的な論法はやめておきましょう。

またせっかく「ＯＫ！」例のように事前に定義づけしたのに、勝手な解釈、たとえば、

「私が働くなら、やっぱり給与が高く福利厚生が充実している大企業の方が良いですね」

ではＮＧです。

# 7-5 「AI、VR技術を使ったビジネスの将来性について論じてください」（ソフトウェア）

## どんな流れになる？

実際にソフトウェア業界で出題されたテーマですが、この業界を目指す以上、ＡＩやＶＲについて一定の知識がないと話になりません。

一般的には、こうした技術を使えば、将来的にビジネス上の問題解決に役立つはずで、「そうするとこういうメリットが享受できる」といった感じで、各々が回答する流れになるでしょう。

これは将来のことなので正解はないし、万能とも言える機能を兼ね備えているものですから、自分の想いのままを自由に発言して良いでしょう。

ただし、ＡＩ、ＶＲの活用という縛りがあるので、そこから逸脱はＮＧ。

なお、**グループの意見をまとめるのに適したテーマではないので、他に迎合したり妥協したりせず、自分のアイデアをどんどん創出して発表してください。**

## 突破のポイント

正解がないので、皆がうなるような面白いアイデアが出てくれれば最高ですが、いざ本番となると、なかなかそうもいかないでしょう。

こうしたブレインストーミング（集団発想法）を許容するようなテーマなら、遠慮せずどんどん積極的に発言してください。

一方で、こうした技術がもたらすのは明るい未来だけではないはずです。シンギュラリティ（ＡＩが人間の知能を超える転換点）によるリスクなどにも触れておくと、ポイントが高くなるでしょう。

**OK!**

**「これらの技術はいろいろなビジネス分野で活かされ、より便利で快適な社会生活をもたらしてくれるでしょう。**

**その一方で、最近の戦争、紛争のように、人類が滅ぼし合う行為はいまだに続いています。今や核兵器の数は地球を10回も破壊するほどあると言われています。**

**そこで私はこうした技術を用いて、あらゆる戦争、紛争を抑止する仕組みを実現させるべきと考えます。今すでに地政学リスクが様々なビジネスに悪影響を及ぼしていますが、世界が平和なら安定的なビジネスが可能だからです。**

**AIで戦争における被害をリアルに算出し、その悲惨な光景をVRで表現する。それを世界中に拡散する。そうすると世論も『No WAR！』を叫び、国家元首も宣戦布告をためらうという抑止力になるのではないでしょうか？」**

**NG!**

## 「抽象論だけ」は避けよう

「これらの技術活用により、将来は明るい、もっと便利になる」

といった**抽象的な話に終始するのはNG**です。

すでに稼働しているサービス、たとえばAIを使った契約書のリーガルチェックといった話や、VRゴーグルを使ったゲームの話に、少し色付けする程度で話してしまう可能性も高いですが、これだと「将来性」という観点で論じていないことになりますので、注意が必要です。

# 7-6 「生き残るホテルの条件とは?」（ホテル）

## どんな流れになる?

ホテル業界を目指す人なら、出題の可能性が高いテーマだと心得ておいてください。

業界研究、企業研究の成果がそのまま発揮できるテーマです。研究成果が乏しいと、厳しい局面を迎えることでしょう。

**他業界でも置き換えて出題されます。**その点を常に念頭に置いて業界研究、企業研究をしてください。

ここは求めている内容がシンプルなので、各々の解釈により議論がズレることはないでしょう。

したがって、たとえば「生き残るとは何か?」や「ここで言うホテルとは?」といった**定義づけは不要。**

前置きなしでスムースに議論に入れます。

各々が考える条件を順次発表していき、同じ条件や類似の条件を集約していくという流れになるでしょう。

## 「独創的」の条件

業界研究、企業研究をきちんとやっていれば、サービス品質の向上や差別化といった有り体な話はできるはずです。

その上で、**独創的な視点やアイデアをどこまで盛り込めるか**が最大のポイントです。

独創的と言っても、**ビジネスの視点が必須。**

何でもかんでも無償で提供するといった差別化

は、採算が合わずNGでしょう。

**OK!**

**「端的に言えば、値段以上の価値を提供することでしょう。これはサービス業共通ですが、ホテルはお客様によって求めるものが違うので、価値の置き方も違いますよね。**

**　何でも揃う総合デパート型のホテルなら様々な要望に応じられるでしょうが、それですら限界があります。**

**　そこで私はライバルホテルとの差別化の一環として、たとえば徹底的に睡眠にこだわったホテル等が良いと思います。寝具や照明、BGM、出張マッサージなど、ぐっすり眠れるための手段を惜しまないやり方です。ホテルに宿泊して眠らない人はまずいないでしょうからね。**

**　ミリ単位で枕の高さを調整するといったこだわりが好評を生み、評判が評判を呼ぶという好循環につながっていくと良いですね」**

**NG!**

## 「理想論だけ」は避ける

　現実的な話として、立地や間取りなどが生き残りのカギであるのは皆、理解しています。

　ただやはり、

「ホテルは立地が大事で、やはり都心の一等地にあることが生き残りの条件」

「室内に露天風呂があるといった、他にはない特長こそが生き残りの条件」

　と、簡単には変えられないものだけに固執するのはNGです。

　**今あるリソースを活かしつつ、創意工夫で乗り越えた事例**を盛り込めば、より説得性が増すでしょう。

# 7-7 「地域の活性化について、自由に論じてください」（百貨店）

## 正解はないので積極的に

実際に百貨店業界で出題されたものです。地方企業を含めよく出題されるテーマの一つです。予備知識がなくても、論じやすいでしょう。

正解はないし、自由に論じろということなので、物おじせず積極的に議論に参加することが求められます。

一般的には、最初にシンキングタイム、その後各々が考えを発表、全員の考えが出尽くしたら、それらを元に皆で自由に話し合っていくという流れになるでしょう。

たとえば、地方から出てきて都心の大学に通っている人なら、

**「生まれ育った田舎に帰って暮らしたいという人が多いけれども、若い人が働く場所がなく、私の兄も～。なので企業誘致や産業育成が活性化の鍵だと考えます」**

と、実際に地方で暮らした実体験を元に、リアルな考えを述べることができるでしょう。

## 定量的に。こんなツッコミも有効

地方活性化については、誰もが何かしらのアイデアを創出できると思います。

ライバルたちに差をつけるには、アイデアの説得力の高さ、つまり可能な限り**定量的な表現を用いつつ、より具体的な実態、実例を**語ることがポイントです。

また、大半が理想論を語る傾向があります。

そこでたとえば、

**「高木さんの意見、確かにそういった方法もあるでしょうけど、今、加速度的に人口が減っている地域では相当難しいと思いますが、その点いかがですか？」**

と、議論の中でより**リアルに実現可能性を探るツッコミも高評価**の対象となるでしょう。

**OK!**

**「今の出生率って過去最低で確か1・26くらいで、私の地元の大阪でも既に人口減少が始まっています。**

**まずその地域に人がいないと活性化しませんが、限界集落も増加の一途で、これといった特効薬がないのが現実だと思っています。**

**そこで私の考えです。**

**選択と集中、つまりある一定規模を保つために、過疎や限界集落の住民に対して、中核地域への移転、引っ越しを推進していくことを提案します。**

**こうしたやり方は、弱者切り捨てと批判されるでしょうが、どこも財政的に余裕がないし、もはやすべての地域を同じように取り扱うことができない時代に突入しています。**

**困難が伴いますが、背に腹は変えられません。うまく集約できれば、スマートシティが実現できると思っています」**

**NG!**

## 「実現性」を

観光客を呼び込む、企業誘致をする、新しい産業を創り出す、若者の移住を推進するなどのアイデアはもちろん間違いではないのですが、**その実現可能性まで踏み込んで説明できるか**がポイントです。

感想、感覚レベルだと、既述のようなツッコミで撃沈必至。実現可能性を念頭に入れて、議論してください。

## 7-8

# 「インフレと増税について、ディスカッションしてください」（金融）

### 一般常識レベルでも気おくれ無用

金融業界で出題されたテーマです。税やインフレ、デフレなどに関するものは、この業界の定番中の定番です。

金融業界を目指すなら、これらの基礎知識があるのが大前提です。

とはいえ、経済学部でマクロ経済を専攻している学生ばかりではなく、むしろ**一般常識レベルで議論に臨むケースが圧倒的多数**ですから、ひるむことなく堂々と議論に臨みましょう。

ここの流れも他と同様で、最初にシンキングタイム、その後各々が考えを発表、全員の考えが出尽くしたら、それらを元に皆で自由に話し合っていくというものです。

グループで何かしらの結論を導き出すタイプのものではないので、

・自分の考えを述べる
・質問があれば適宜回答する
・他者の考えをよく聴いた上で質問したり感想を述べる

気負わず普通に参加すればＯＫです。

### 「知識が豊富な人」がいたら

こうしたテーマを専攻しているなら、知識を積極的に知らしめれば良いですが、そうでない人が大半です。

仮に知識量では劣っていたとしても、**知識を披露する大会ではありません。**

そこでたとえば、

**「なるほど。そうすると、コロナのような有事の際には消費税を廃止すべきで、実際に廃止した国もあったと聞きますが、効果はあったのでしょうか？」**

と、**知識が豊富な人から情報を引き出すやり方で、議論を盛り上げていくのも有効**です。

**OK!**

**「私はよくカップ麺を食べるのですが、少し前までは１００円以下で買えていたのに、今は１５０円くらいするので、インフレが来ているな、と実感します。**

**一方で、バイト代はそれほど上がっていないので、経済的にどんどん厳しくなっています。**

**それに10%の消費税もかかってくるわけですから、物価が上がれば上がるほど、増税感というか経済的な負担が重くなっていると感じます。**

**よくどこどこの国のインフレ率は日本の比ではないと聞きますが、その分賃金の上昇率も高いのかもしれませんよね。**

**増税を含め、経済的な負担を喜ぶ人はいないでしょうが、社会保障を含め、国や社会を維持するためにこの先、増税もやむなしということもあり得るでしょう。**

**ただ、それに見合った経済成長や給与アップがセットでないと、キツくなる一方ですね」**

**NG!**

## これでは「思いつき」

「やっぱり安い方が良いから、インフレは反対」

「税負担は軽い方が良いから、増税は反対」

といった短絡的な話で終始するのはＮＧ。

自由な発言ができるテーマなので、こうした反対を唱えても良いですが、その理由をロジカルに説明できないと、思いつきレベルからは脱却できません。

## 7-9

# 「少子高齢化の進展と解決方法は？」（生保）

### 時事ネタは「数字」を！

生保業界で出題されたテーマですが、どの業界・企業でも出題される可能性が高い、汎用的なテーマです。

業界研究、企業研究というより一般常識の範囲です。適性試験対策も含め、ふだんから時事問題やニュースに触れるようにしてください。

その際、**数字を押さえておく**ことがポイントです。

ここの流れも他と同様で、最初にシンキングタイム、その後各々が解決方法を発表、全員の考えが出尽くしたら、それらを元に皆で自由に話し合っていく形です。

「グループで解決方法をまとめ、後で発表してください」というのが適しているテーマです。

すべてのグループの発表が終わる、最後の最後まで気を抜かないでください。

### 議論のクオリティを上げる方法

感覚や感想レベルではなく、解決方法についての実現可能性をどこまでうまく説明できるかが鍵になってきます。

たとえば、

「少子化を食い止めるには、出生率を高めるしかない」

は、確かにその通りなのですが、ではどうすれば良いか、具体的な施策を皆が納得する形で展開しなければなりません。

自分の解決方法を説明するだけでは不十分

です。

他の人が、「保育園が足りないから少子化になっている。増やすことが先決」と主張した場合、そもそもそうした**因果関係が本当にあるのか追及してみるのも、議論を本格化させる一手で、評価対象**となるでしょう。

**OK!**

**「今の人口を維持するには、2倍強の出生率が必要なのに、今は1．3もないようです。この出生率の低下は、適齢期のカップルが子どもを産んでも育てていくだけの経済力がないからと、私は分析しています。**

**自分一人の生活すら厳しい人や貧困家庭も増えている中で、子どもを産んで育てるのは正直無理でしょう。**

**なので、いま既にやっていますが、保育園を増やしたり、産休・育休制度を充実させても、そもそも先立つものがないと効果的ではありません。**

**そのため、今までのように年功序列で給与を支給するのではなく、思い切って若手に高めの給与を支給するとか、子どもの教育費、治療費などはすべて無償、子どもがいる世帯には高額な手当を支給するといった大胆な政策が必要と考えます」**

**NG!**

## 「思い込み」に要注意

「待機児童問題を解決すれば良い」と主張する人もいますが、はたしてそれで出生率は上がるのでしょうか？

一時期の待機児童問題も今はかなり解消され、定員に満たない保育園が増えているのに、出生率は下げ止まる気配がありません。

因果関係が乏しい、単なる思い込みによる話を展開すると失敗するので要注意です。

## 7-10

# 「当社の採用条件は何だと思いますか？」（建設）

### 企業研究が大前提

建設業界で出題されたテーマです。

こういった応募企業の内容に沿ったテーマは、どの業界・企業でも出題される可能性があります。

流れは他と同様で、最初にシンキングタイム、その後各々が自分が思う採用条件を発表、そして全員の考えが出尽くしたら、それらを元に皆で自由に話し合っていくというものです。

ただ、ここは**企業研究をしていることが大前提**です。

そうでないと、「コミュニケーション能力」といった有り体な発想しか出てこなくなり、浅い議論しかできなくなってしまいます。

応募要項の「求める人材像」などに、このヒントとなる情報が掲載されています。

### 「深掘り」ができれば高ポイント！

**応募要項にズバリそうした条件が網羅されていたら、それを踏まえた上で突っ込んだ議論ができるか**がポイントになります。

たとえば、どの企業でも必要不可欠な「コミュニケーション能力」が就活サイトに載っていたとします。

そして皆が口々に「やっぱコミュ力だよね」と言った場合、それで終わるのではなく、

**「一言でコミュ力と言っても、ちょっとわかり**

**づらいですよね。**
**コミュ力の中では、自分の考えをわかりやすく伝える『話す力』よりも、若手ですから、相手の話をきちんと理解できるまで聴く『傾聴力』の方が、私は重視されると思います」**

といったように**深掘りできるかどうか**です。

こうした**深掘りは、もし事前の企業研究が足りなかった場合でも、本番で巻き返せる有効な一手**です。

特に**「求める人材像」は曖昧なものが多い**ので、ぜひ活用してください。

**OK!**

**「就活サイトの『こんな学生に会ってみたい』の欄には複数掲載されていましたが、その中でも私は『冷静に物事を判断できる人』という点に注目しました。**
**建設業という特性上、安全第一で、万が一のことがあってはならない。事故が起きた場合に、動揺するのではなく、この冷静さこそが被害を最小限に抑える要因だと考えます。**
**他にも『協調性を重視する人』、『探求心の強い人』などがあったように記憶していますが、私はこの冷静沈着さが最大の採用条件だと考えます」**

**NG!**

## 「羅列だけ」ではダメ

企業研究が足りないからと、当てずっぽうでいい加減なことを言うのは、外す可能性が高いので避けるべきでしょう。

一方で、応募要項の中に複数羅列されている要素を片っ端から話すだけでは、単なる知識お披露目会になってしまいます。

そこで「ＯＫ！」例のように、その中でも**優先すべきものをピックアップして解説**する方が効果的なので、おすすめです。

# 7-11

# 「月に行けたら何をしますか？」

## ズレを気にせず積極的に

こうした実現が難しい架空のテーマは、事前の業界研究、企業研究に左右されません。皆の思うままに自由に討論できるでしょう。

流れも他と同様で、最初にシンキングタイム、その後各々が自分のアイデアを発表、全員の考えが出尽くしたら、それらを元に皆で自由に話し合っていくというものです。

グループで意見集約するのに適したテーマではないので、まとめて発表という工程はないと考えてよいでしょう。

ブレインストーミング的な進め方が適しているテーマなので、**「こうした話は本質とズレているのでは？」などは気にしない**ことです。

また、「一人一つまで」という縛りはありませんから、思いついたら積極的に発信しましょう。

## 「活性化に貢献」も高評価

正解がないので何でも自由に発言できますが、逆に発想力、創造力が問われます。**ユニークなアイデアを捻り出せるか**が鍵です。とはいっても、本番でとっさに思いつかないこともあるでしょう。

他の人のアイデアを、「そんなの無理でしょう」と絶対に否定しないのは大前提。うなずいたり、「それって面白いですね！」と共感する。アイデアが思い浮かばない人には、**「倉橋さんってサークルは何やってるんです**

**か？　テニス、それでは月でテニスなんかどうですか？」**

と、引き出してあげる。

このように**議論を活性化させる姿勢、態度でPRするのも有効な一手**と言えます。

**OK!**

**「私は走り高跳びをやってみたいです。中高と陸上部で短距離の選手だったのですが、同じ陸上でも別の種目である走り高跳びの選手にすごく憧れがありまして。**

**皆さんも一度は見たことがあると思いますが、まさしく芸術的なフォームで飛ぶのがカッコいいのです。**

**確か月は地球の1／6の重力しかないと聞いたことがあるので、重力が軽い分、私でもきれいなフォームで跳べるのではないか？と思いますし、どこまで高く跳べるのかに挑戦してみたいのです。**

**もしかしたら、私が地球での世界最高記録を更新するかもしれませんね。**

**そう考えると、なんだかワクワクします」**

**NG!**

## 否定しない

架空の話で、実現可能性は追及されないものなので、

「それは月ではできない」

「そんなの地球でもできるよね。月でしかできないものでないと、意味がない」

といったように、**他の人のアイデアを否定するのは絶対にNG。**

また、浮かばないからと、

「先ほどの名波さんと同じで、私も穴を掘ります」

といった完全パクリはやめておきましょう。

Column 6

# アピールが好感になった例、裏目に出た例

## 「～役が有利」は都市伝説

GDは、企業によってテーマも違うし、参加者も毎回違います。そのため何が正解だったかがわからず、都市伝説的な話が飛び交います。

その最たるものが、GDにおける「アピールなんてあざとい」というもの。

一時期は「一番目立つ司会役で円滑に議論を回し、評価してもらうのが良い」が主流でした。

しかし、「担った役割は評価に関係しない」と採用担当者が言い始めたり、役割決めを禁ずるGD手法も生まれたため、「あざとい」が前面に出てきたのでしょう。これを信じ込み、PRできるのに抑える人も出てきました。

結論から言うと、**過度なのがNGなだけ。アピール自体はもちろん「あり」。「あざとさ」を気にしすぎていたら、GDはあっという間に終わってしまいます。**

## 司会がかぶった場合の高評価例

たとえば、司会進行役を担うのが「積極性」をPRする最善策と考え、複数名が立候補し、互いに譲らず議論の時間を削ってしまった、というのは最悪。

グループ全体を沈没させる行為は、間違いなく評価されません。

この場合、立候補者の一人が、

**「ここで貴重な時間を空費したくないので、最初に挙手した杉山さんに司会をお願いして、私を含めた立候補者は杉山さんのサポートに回る**

**形で、議論をスタートしましょうよ」**

と譲って「協調性」をPRする方が得策です。

逆に、自分は司会ではないのに、

「これからの発言は、挙手制でいきましょう、どうですか、皆さん」

「こういう意見が出たけどマイナーなので、こっちの意見について皆で集中議論しましょうよ」

等、司会の役割に介入する。

もしくは、

「こういう意見が出たら、皆に感想を聞くべきでしょう?」

「テーマと違った話になっていますよ。司会の東さん、交通整理しないと」

と、司会に対してマウントをとるのは、「積極性」のPRかもしれませんが、逆効果です。

## さりげない気遣いはやはり好感度高い

たとえば、

**「私はこういう経験があったので、このような意見となりました。先ほどの松本さんの意見と近いと思いますが、松本さんも私と同じような経験ってありましたか?」**

と、議論に入れていない人に発言を促し、議論が盛り上がっていく。

こうした自然でさりげない気遣いは、好感をもって受け入れられるでしょう。

## 「賛成」でない時の伝え方

「協調性」をPRしたいからと言って、

「それってありますよね、わかります!」

「私も浜田さんの意見に賛成です!」

と、何でもかんでも「共感します」「賛成です」も良くありません。付和雷同する人と見られてしまいます。

**・譲れる点**

自分の意見があるなら、はっきり伝えるべきです。その上で、

**・条件付きで譲れる点**
**・絶対に譲れない点**

**等を説明すれば良いのです。**

「論破してやった」「(ディベートに)勝った」、でGD選考の通過が決まるわけではありません。

「あざとさ」を含めた、こうした勘違いのワナには、絶対にハマらないようにしてください。

## 大きすぎる「失言ダメージ」

賛否を問うテーマが出題され、発言してアピールしようとするあまり、「こういった問題点はあるが総じて賛成」と回答した人に対して、指摘された問題点だけに注目してしまう。

その結果、

「落合さんの言う問題点は、今のテクノロジーで解決できるから、反対する理由がないですよね」

と、「落合さん」を反対派だと誤解し決めつけ、周りから「いや、落合さんは賛成派ですよ」と指摘され赤っ恥、その後議論に参加できず終了、というタイプです。

まず、相手の話をしっかり聴くことが最優先。特にこうした傾向が強い人は、「メモをとる」をおすすめします。

メモを見てからなら、誤解や早合点による発言は抑えられます。

もう一つおすすめなのが、自分の考えを展開する前に、なぞる、前置きをする、確認をしながら進める話法です。

たとえば、

**「こうした問題点があるということですが～」**
**「仮に最新技術で問題が解決できるとして～」**
**「まず確認なんですが、こういった問題点があるから反対という認識で合っていますか?」**

そうすることで、論点がずれにくくなります。違っていても修正できますから、ダメージも最小限に抑えることができます。

# Part 8

# 《性格別》「GD」失敗パターンと対策11

# 8-1 おとなしい、主張が希薄、強く言われると譲ってしまう人

## 「控えめ」はGDでは美徳ではない！

こうした人達は、発言の機会が自分に回ってくればそれなりの発言ができます。しかし自由討論となると、つい怖気づいてしまうという傾向があります。自分に自信がないところもあり、指摘されると、

「ちょっと甘いですよね」

と、つい引いてしまう。

しかしここは討論の場です。多少ズレていようが、

**「いや、そういう面もあるけれども、こうした現状があるから、私はこう考えたのです」**

と、堂々と主張してください（相手の話を遮って主張を繰り返す等は論外ですが）。

## 「1時間後には赤の他人」と割り切る

ＧＤにおいては、**謙虚さは美徳でも何でもありません。言いたいことは言わないと競争には勝ち抜けません。**これを肝に銘じてください。

このＧＤで討論したメンバーとは、ほとんどは今日かぎりで二度と会わない。このＧＤの１時間だけの縁です。失言しようが恥をかこうが、しょせん一過性の話なのです。

社会人になったら、自分を主張しなければならないシーンは当然、日常的に出てきます。

対策としては、ＧＤのセミナー等でそういった場に慣れておくこと。そして本番前には、「議論の場だから、主張を強く出してもいいんだ！」と、自分に言い聞かせて臨んでください。

# 8-2 目立ちたがり屋、自分中心でいたい人

## 自覚がない「困った性格」

こうした人達は、他の学生よりも自分が上と錯覚していることが多い傾向にあります。たとえば司会になったら、各々の発言に対して、

「それってユニークですよね」

「私もそういった経験があります」

と、**いちいちコメント**を入れないと気がすまない。自分では良い合いの手を入れて議論をうまく回しているつもりなのでしょう。

また、何か指摘されると、

「そう言うけど、そもそも櫻井さんは解決策すら出してないよね?」

と、**マウントをとったり論破を試みたり**します。

## 「サブ司会」に回ると高評価

こうした勘違いに気づいていない人も多いので、やはりＧＤのセミナー等に参加して専門家からフィードバックをもらい、こうした言動をきちんと自覚することが最優先です。

指摘されれば改善していくことでしょう。

仕切りたがりな性格から、司会を担おうとしますが、ここは一歩引いて他に任せてみて、「私だったらこうする」という視点で参加してみましょう。

サブ司会者的な立場で、司会をサポートする役割に回った方が、こういったタイプは高評価につながる可能性が高くなります。

# 8-3 話が長い人

## グループ全滅もありうる

話が長いのは、短時間で評価が決まるＧＤでは明らかにマイナス材料です。

たとえばＧＤ前半に、各々が自分の意見を発言するシーンで、**自分だけ長々と話し、議論自体の時間短縮させるとグループ全滅の危機に。**

また、長々と話した挙句、「結局、何が言いたいの？」と、皆が首をかしげるシーンもよく見ます。

ひどい例では、話しているうちに「あれ？　何の話でしたっけ？」と収拾がつかなくなり、「小坂さん、少子化対策の解決策ですよ」と促され、「そうだった、すいません」。目も当てられません。

## ＰＲＥＰ法、時計を使う方法

端的に話せれば良いですが、すぐには難しいでしょうから、結論から話す「ＰＲＥＰ法」を、ふだんから試してみましょう。

たとえば友人と食事に行く時、

「俺は吉牛が良い、なぜなら保田が勧める定食屋は以前行ったけどイマイチだったから」

と、結論から話す癖をつける。また本番では、

・**伝えるストーリーを描いてから話す**
・**時計を目の前に置いて話し始める**

というやり方が効果的です。

なお、後者は時計に目が行くので、発表の姿勢は悪くなります。そこで先に、

**「私は話が長いので、時計を前に置いて話させていただきます」**

と、前置きしておきましょう。

# 8-4 ぶっきらぼう、言葉足らずで誤解されやすい人

## 「根は良い人だけど」では通用しない

GDで他の人のアイデアへの感想を聞かれても、

「別に？」

と、悪気はないのに「感じ悪い」「根は良いヤツなんだけど、誤解されるよね」と言われてしまう人、あなたの周りにもいるでしょう？

**GDの短時間で誤解は正せません。普段から改善すべきです。**

## YES～BUT法、ホワイトボード活用法

悪印象の最大の要因は、相手に対する**配慮不足**と**言葉足らず・説明不足**です。言い訳は無用、改めなければ受かりません。

前者については、**「YES～BUT法」**、つまり「確かに」でいったん受け、「しかし、ただ」を置いて自分の意見を述べる方法がおすすめ。

**「確かに、石川さんの解決策もよくわかるんですが、私は根本的な原因はそこにはないかもと思いますので、どうなのかなと？」**

といった流れです。

後者の「言葉足らず」はすぐには治りません。ホワイトボードやノートに内容を書いて、

**「私が伝えたいのは、こういう感じです」**

と、皆に見せて補うやり方がおすすめです。

あとは**終始、にこやかに。**印象は大きく変わります。

# 8-5 あがり症の人

## 自然なこととはいえ

あがる人にとって、「緊張するな、ふだん通りで」というのは、なかなか無理な話です。

**あがるのはごく自然なこと**ですが、「ほとんど何も話せなかった」「頑張って話したけど、しどろもどろでメタメタに」では、やはり勝ち抜けません。

## 乗っかったっていい！

対策のポイントは、本番での極度の緊張をどこまで抑制できるか。

まずは心の準備。

**「ほどよい緊張感は、パフォーマンスを向上させる」**というエビデンスがあります。

「絶対に緊張してはいけない」「本番であがったら、すべてが水の泡」と、無用なプレッシャーをかけないことです。

会場入り前に**5回以上大きく深呼吸**を。

本番では、**気持ちを張って、視線を高く置き、全体を俯瞰的に**見られるようにします。

ＧＤが進むうちに、最初の動揺も徐々に落ち着いてきます。そうなったら、つべこべ考えずに、他の人の発言を**聴くことに集中**しましょう。

発言の機会が回ってきたら、**第一声は大きめの声で**話しましょう。

議論の中に入る時、堂々と挙手し、

**「朝岡さんの考えと似ていますが、私はこういった点が〜」**

と、**他に乗っかりつつも違いを出してみる。**これなら、あがり症でもスムースにできるはずです。

# 8-6 陰キャ・暗い人

## 「陰キャ」のままで勝てる策

明朗活発な性格なら、周りに好印象を与えることができますが、その逆のいわゆる「陰キャ」、暗い性格だとプラスには見てもらえないでしょう。

かといって、急場しのぎで陽気なキャラクターを演じようとしても、それは土台無理な話です。

たとえば、無理に存在をＰＲしようとして、

「それって面白い考えですね。具体的には？」

と口をはさんだとしても、

「最後まで聴きましょうね」

と司会に制され意気消沈、は「あるある」です。

会話に入っていけない、自分の意見を素直に表現できないままＧＤ終了ということもよくあります。

## 「口数勝負」はしない

普段は暗いのに、こうした場面では急に明るく朗らかになる人は「一貫性のなさ」「二面性」を疑われ、評価以前の問題になってしまいます。

性格はありのままで良いですが、好印象を与える努力や評価される発言は必要です。

発言については、

- **ここぞというタイミングで深く考えた意見を言う**
- **「一つ聞いていいですか？　大半が賛成意見のようですが、それが環境に良いというエビデンスとか論文とかありますか？」**

**等と、鋭いツッコミを入れる**のが得策でしょう。

8-7

# 自分よりデキそうな人、かわいい人がいて気になる

## 勝てない相手に挑む愚

グループに気になる人がいて、「コイツより目立たないと」と、対抗意識を燃やす人がいます。競争心は大事ですが、意識しすぎて全体がギクシャクすると迷惑です。よくあるのが、

「いや、私は吉田さんの考えは違うと思います」

「吉田さんのアイデアは田代さん、山岡さんのアイデアと全く同じですよね？」

と、否定に走る言動。当然マイナス評価です。

そもそも、場を仕切り、話を展開させるのがうまかったり、醸し出すオーラが違う人は一定の割合で存在します。**敵わない相手には、妙なライバル意識を持っても太刀打ちできません。**

## 挑まなくても高評価は得られる

その人を凌駕しないと通過できないというルールはありません。また、学生が考える評価基準と、その企業の採用担当者のそれとは、乖離していることも多いのです。

相手の素晴らしさを認めつつ、**同じ土俵に上がり込まず、自分の強い分野で闘う**べきでしょう。

進行がうまい人がいたら、司会は任せつつ、**「司会の吉田さん、あと3分なので、自由討論はこの辺にして、意見集約を始めては？」**と、助言役に徹してみる等、**「別の役割」**でGDに貢献していくと、必ず評価者の目にとまります。

# 8-8 アドリブ・臨機応変な対応が苦手な人

## ハナから得意な人なんてほとんどいない

大半の人は苦手です。

たとえば、「今日は司会を担おう」と決めていたが、他にとられパニクり撃沈。

あるいは、「自分たちでテーマを決めて、自由に論じてください」と出題されたとしましょう。

業界研究や企業研究をしっかりして臨んだとしても、活かせないテーマになり対応不能に。

こうした場合、

**「自由ということですが、この業界、この会社に関するテーマの方が、皆さん話しやすいですよね？」**と臨機応変に提案できれば最高ですが、そう簡単にはいきませんよね。

## 「予想できる状況」に近づけるには

苦手でもパニクらないとか、こうした臨機応変で最高の提案ができるようになるには、やはり徹底的な準備が必要です。

- **その企業の過去の出題テーマを調べておく**
- **ＧＤのセミナーに参加する**
- **他社のＧＤ本番をできるだけ経験しておく**

等は、最低限、やっておきましょう。

そうすれば、「予期できない状況」を「予期できる状況」に近づけることができます。

「ああ、今回はこういった展開なのか。この場合は、こうするのが良いな」

と、心に余裕をもって対応することができます。

# 8-9 論理的な話がそもそも苦手な人

## ツッコミ一発で終了

論理的な話に慣れていないため、その場の雰囲気や感情で話す就活生は多いです。

「やはりそういう件は、心情的に許せない」「うまく説明できないんですけど、私は反対です」など。

「その根拠は？」「エビデンスは？」と、突っ込まれ絶句したまま終了、というパターンです。日常会話ならいざ知らず、議論、討論の場ではやはり「論理的」な方が評価されます。

## 慣れていないだけ。早くスタートを！

社会人になると、こうした研修やＯＪＴを経験するため、若手社員でも論理的に話せるようになる人が多いです。

つまり、論理的な話し方に**慣れているか**がポイント。学生も**鍛えれば習得できる**ということです。

ゼミの議論等に参加する際には、手ぶらではなく、事前に自分の話す**展開を組み立ててから**臨むようにしましょう。

また高額な費用をかけなくても、この手のビジネス書は山ほどあります。ネット上に無料の動画もたくさんありますから、自習もできます。

論理的思考力は、この先社会人になっても、ずっと要求されます。習得は早いに越したことはありません。

今から取り組みましょう。

# 8-10 反論に弱い人

## 弱点で勝負しない

周りから指摘されたり批判されると、うまく返せない人が一定数います。たとえば、

「私の意見がおかしいってことですか？」

と、つい感情的に反駁《はんばく》してしまう。場の空気が悪くなり、議論全体の停滞につながるので、当然、マイナス評価です。

逆に、意気消沈してずっとだんまり状態になってしまう人もいます。もちろん、これでは評価のされようがありません。

反論に弱いのは、自分の考えを展開した**後のことまで想像できていない**からです。カッとなったり沈黙するのは論外ですが、周りを納得させる返しができれば良いのです。

そのためには、自分の弱い領域には触れず、**自信のある領域で反駁すべき**です。たとえば少子化の解決策で、

「未婚率の低下が要因だから、結婚するカップルを増やすべき」と主張したところ、根拠を聞かれたとしましょう。

成婚率を正確には把握しておらず、その面は弱いとしても、

**「まず結婚しないと出産どころではないし、今は一生独身という人も増えていると聞きます。でも、一生のうちに結婚したい時期はあったはずで、その時に良縁に巡り合うかだと考えます」**

と、自信がある領域で反駁すれば良いのです。

企業は、集団面接やＧＤで何を見たいかと言うと、**「組織の一員として、長く結果を出せる人なのか」**です。変わった質問をするのも、見ず知らずの人と一緒にいきなり討論させるのも、これを見たいからです。

ここを分かっているかどうかが、他の就活生と大差をつける分岐点になるのです。分かっていれば、ＧＤで無礼な言い方で反論されても、挑発に乗って感情的になり平常心を失うといった残念すぎる展開を避けられます。自分のことだけで一杯いっぱいにならずに、発言できていない人に気を配ったり、冷静に討論の展開を俯瞰して発言したりできるようになります。「話が上手か下手か」よりも、よほど本質的なのがこのポイントなのです。

この本には、他の就活生よりも圧倒的に優位になるための対策法がぎっしりと詰まっています。ぜひ何度も精読して自分のものにしてください。

最後に、本書があなたの内定獲得の一助になることを願ってやみません。応援しています。

**中谷充宏**

◎著者紹介

**中谷充宏**（なかや・みつひろ）

就活・転職のパーソナルキャリアコーチ。

キャリアカウンセラー（キャリアコンサルタント）。社会保険労務士。行政書士。

同志社大学法学部卒。新卒入社したＮＴＴ（日本電信電話株式会社）、ＮＴＴコムウェアでリクルーターを務めた後、転職（１社）を経て平成16年に職務経歴書の作成代行をメイン業務とするキャリアカウンセラーとして独立。

社会保険労務士として、採用コンサルティングの経験も豊富。人事部長として企業人事を一任されるケースも多数。集団面接・ＧＤに対する企業側のニーズや生々しい実際の面接シーンを、面接官として熟知している。４つの大学のキャリアセンターに所属経験があり、支援した大学生は１万人以上。就活生の実情にも深く通じている。

無料で行う人材紹介会社や行政機関等と異なり、依頼者が直接報酬を支払う「クライアント課金型方式」によるマンツーマンの転職サポートを行う。そのため依頼者から非常に高いレベルを求められるが、理由を問わず結果に不満な場合に全額を返金する保証制度を起業時から導入、19年を経過した現時点で返金事例はたった１件という満足度の高い支援を実現している（現在は廃止）。

東大や慶應大卒の一流企業社員、米国ＭＢＡホルダー、公認会計士、大学教授、フランス人ＣＥＯといったエグゼクティブ層から、大学生、高校生、ニート・フリーターまで幅広いクライアントの就職・転職を支援している。大連（中国）、香港、シンガポール、ボストン、ロンドン、南スーダンなど、海外からのオファーにも対応。

人材を送り出す側と受け入れる側の両面を知り尽くした、日本では数少ない就活＆転職の「パーソナルキャリアコーチ」であり、ＮＨＫや読売新聞、リクルートの転職媒体での転職関連の取材、「マイナビ転職」で激辛面接官を務めるなど、マスコミ掲載実績も数多い。

著書に『20代～30代前半のための転職「面接」受かる答え方』、『20代～30代前半のための転職「書類」受かる書き方』、『30代後半～40代のための 転職「面接」受かる答え方』、『30代後半～40代のための 転職「書類」受かる書き方』（秀和システム）などがある。

◎就活の家庭教師　http://shukate.com/

**●注意**

(1) 本書は著者が独自に調査した結果を出版したものです。
(2) 本書は内容について万全を期して作成いたしましたが、万一、ご不審な点や誤り、記載漏れなどお気付きの点がありましたら、出版元まで書面にてご連絡ください。
(3) 本書の内容に関して運用した結果の影響については、上記(2)項にかかわらず責任を負いかねます。あらかじめご了承ください。
(4) 本書の全部または一部について、出版元から文書による承諾を得ずに複製することは禁じられています。
(5) 商標
本書に記載されている会社名、商品名などは一般に各社の商標または登録商標です。

**面接官《めんせつかん》が本音《ほんね》で教《おし》える**
**集団面接《しゅうだんめんせつ》・GD《ジーディー》(グループディスカッション)**
**完全対策《かんぜんたいさく》マニュアル**

発行日　2024年 3月25日　第1版第1刷

著　者　中谷《なかや》　充宏《みつひろ》

発行者　斉藤　和邦
発行所　株式会社　秀和システム
〒135-0016
東京都江東区東陽2-4-2　新宮ビル2F
Tel 03-6264-3105（販売）Fax 03-6264-3094
印刷所　三松堂印刷株式会社　Printed in Japan

ISBN978-4-7980-7218-0 C0030

定価はカバーに表示してあります。

乱丁本・落丁本はお取りかえいたします。

本書に関するご質問については、ご質問の内容と住所、氏名、電話番号を明記のうえ、当社編集部宛FAXまたは書面にてお送りください。お電話によるご質問は受け付けておりませんのであらかじめご了承ください。